赤の継承

カープ三連覇の軌跡

緒方孝市
Koichi Ogata

光文社

赤の継承

カープ三連覇の軌跡

緒方孝市
Koichi Ogata

光文社

はじめに◉ただ感謝の気持ちを胸に

忘れられない風景がある。

私は涙を流していた。

試合はちょうど終わったばかり。しばらく頭は真っ白だったが、飛び込んできたスタッフが涙を流しているのを見て、私の中にもこみあげてくるものがあった。

気が付けば何人もの男たちと抱き合って、私は泣いていた。涙はあとからあとから溢《あふ》れ出して、止まらなかった。それはずっとこらえてきた理性の糸が切れて、ため込んだ感情が爆発したようだった。

断っておくが、それは２０１６年、広島カープが25年ぶりのリーグ優勝を果たした瞬間ではない。翌２０１７年の連覇の瞬間でもなければ、２０１８年、地元・広島でVを決めた3連覇の瞬間でもない。

だが、私が5年間務めた広島カープの監督時代――いや、選手からコーチ、監督に至る33年間のプロ野球人生を振り返っても、もっとも重要な試合をひとつ挙げろと言われればその試合になる。私の野球人生すべてが詰まっているのがその瞬間になる。

白々とした監督室の電灯と、まだざわめきの残るスタジアム。
私はそこから生まれたのだと思う。
私はあの瞬間に生まれたのだということを今、改めて、強く思い出す——。

●

２０１９年10月1日、私はマツダスタジアムで会見を行い、カープの監督を辞任することを報告した。

「監督に就任して1年目から1年勝負の中でやっていく決意は変わらず、今シーズンもその想いでやってきました。今シーズンは4連覇、そして悲願の日本一という目標の中で戦ってきましたが、その目標を達することなく、期待に応えることができず、本当にそれは監督としての責任なので申し訳ない気持ちでいっぱいです……」

「最初はわからないことばかりで、いろんな経験を積ませてもらって、こういう言い方が適切かわからないですけど本当に貴重な時間をすごさせていただきました。自分の中では目いっぱい、全力で最後までやり切ったな、と——そういう想いでいます……」

「ここからユニフォームを脱いだ先のことは考えてないし、決めてないのが現状ですが、本当に

〝いちOB〟として、選手たちを、カープを見守り、全力で応援していこうと思っています。本当にみなさん、長い間お世話になりました。ありがとうございました……」

そこで話した言葉はどれも嘘偽りのない、真実の言葉だった。多くの方の期待に応えられなかった申し訳なさ、自分の中でやり切ったという感覚、この先のことは何ひとつ決まっていない現実……どれも本当のことで、強がりも謙遜も何もなかった。

私はここで5年間に及ぶカープの監督人生に幕を下ろした。それは高校卒業以来ずっとお世話になってきた、広島カープという球団での日々にピリオドを打った瞬間でもあった。

私はあの日、33年間、袖を通し続けた赤いユニフォームに別れを告げたのだった。

●

あれから1年近い時間が流れた。

きっと誰もが忘れられない年になるだろう２０２０年、新型コロナウイルスが猛威を振るい、東京オリンピックが延期となった。広島の街から一時的に球音が消え、それにも増して人が消えた。日本中、世界中の人々が自宅にこもり、屋外から姿を消した。

私はゆっくりした時間をすごしていた。コロナの影響ももちろんあるが、33年ぶりの肩書のない生活をマイペースで送っていた。

よく考えてみれば、これほどまでに何もない日々は33年どころではない。その前の高校時代も、中学時代も、小学校時代も、私はとにかく野球に夢中で、野球漬けの毎日を送っていた。ヒマさえあればボールを握り、バットを振るような毎日をすごしてきた。

しかし私はもう、野球に追われる必要はなかった。夜中に飛び起きて素振りを繰り返したり、目を皿のようにして相手チームの映像を分析したりする必要はなかった。

人生の大半を捧げてきた野球から離れて、自分はどうなってしまうんだろう？

不安を抱えながらスタートした私の新しい日々は思ったよりも快適で、むしろそんな自分をむず痒く感じるほどだった。もっと野球がやりたくなったり、早くグラウンドに戻りたくなったりするのかと思っていたらそんなことはなく、それが意外で、不思議だった。

あっという間に時間がすぎたという感覚だった。

●

時々、外に出て知り合いに会うと、

「緒方さん、監督を辞めてこれからどうするんですか？」

と聞かれた。そんなとき、

「何も決まってないですよ。フリーターですよ、フリーター」

と返すと、みんな笑った。

それは冗談のように聞こえたかもしれないが、私にとっては冗談でもなんでもなかった。私は別にどこかのテレビ局で野球解説者をやる予定もなければ、どこかのチームで野球を教える予定もなかった。引退会見のとき「ユニフォームを脱いだ先のことは考えてないし、決めてない」と言ったが、私は本当にこの先のことを決めてなかったし、考えていなかった。いつまで経っても予定表は真っ白のままだった。

思えばこれまでの人生、いつも先のことなど考えず突っ走ってきたな……ふと、そんな気持ちが胸に浮かんだ。

カープに入団するときもそうだった。私は自分がドラフトで指名されるなど夢にも思わず、突然の指名に驚き、戸惑い、迷いに迷った挙句、恩師や両親に背中を押される形であこがれのプロ野球の世界への扉を開いた。

選手を引退してコーチになるときもそうだった。頭の中は選手として完全燃焼することばかりで、この先の身の振り方など何ひとつ考えていなかった。それはコーチから監督になるときも同じで……。

少しずつ、いろんな記憶がよみがえってくるにつれて、私の中でそれらのシーンを包み込むひとつの言葉が立ち上がってきた。

「出会いに感謝」

それは私に野球を教えてくれた佐賀県立鳥栖《とす》高等学校野球部監督、故・平野國隆《くにたか》さんの座右の銘だった。

出会いに感謝――それは私が高校時代、もう30年以上前に教わったフレーズのはずなのに、プロ野球のユニフォームを脱いだ今、つくづく腑に落ちる言葉になっていた。

これまでの野球人生を振り返ると、なんと多くの出会いがあり、多くの助けを受けてきたことだろう。プロというのは実力の世界だが、いろんな方の支えがなければ私は23年間の現役生活はもちろん、その後の5年間のコーチ生活、さらに5年間の監督生活を送ることはできなかった。それだけの長期間、好きな野球でメシを食えた上に、監督時代には25年ぶりのリーグ優勝を筆頭に、ファン、選手、球団職員らと3度も美酒に酔うことができた。

私はこれまでガムシャラに駆け抜けてきたが、振り返ればその野球人生は幸せな記憶に満ちており、そこにはただひたすらに感謝の気持ちしかなかった。そのことが砂漠が水を吸うように実感できた。

私は30年以上経って、やっと恩師が私に教えたかったことがわかった気がした。出会いがあり、縁が広がり、支えや助けをいただいたことで今の私が存在する。そんなことを考えていると、次々になつかしい顔、不義理を続けている顔、きちんと「ありがとう」と言えていない人たちの顔が浮かび、消えなくなった。

そんな人たちの中に、ひときわ大きく、燦然《さんぜん》と輝く星々のような大集団があった。それは広島カープというチームを熱心に応援し続けてくれるファンの存在だった。

私のカープにおける野球人生は、そのほとんどが優勝とは縁のない、つらく、悔しい日々だったが、そんなときでも常に声を嗄《か》らして応援してくれるファンがいた。どんなときでもあきらめず、ともに涙を流し、ともに歯を食いしばって戦ってくれるファンがいた。だからこそ彼らと一緒に3度も喜びを分かち合えた経験はかけがえがなく、私にとっては一生の宝物になっているが、はたして私はそんなファンに対して感謝の気持ちを伝えてきただろうか？　ちゃんと恩返しをしてきただろうか？

確かに私はあの監督辞任会見の席でも、松田元《はじめ》オーナー、コーチ、球団スタッフ、選手たちに次いでファンへの感謝を口にした。「ファンの方に大きな力をいただいてこの5年間、監督としてやってこられたと思っています」と謝意は伝えたつもりだった。

しかしそれで十分かといえば、私には不十分なように思えた。

だったら、私が今やるべきはそれではないだろうか？

これまで私が内側に抱えてきた想いを、ファンにきちんと伝えること――私がどんな想いで野球に向き合い、どんなふうにカープというチームで成長させてもらったか。どんな想いで監督を引き受け、どんなふうに戦い、どうやって25年ぶりの優勝、そして3連覇に辿《たど》り着くことができたのか――それをしっかり語り尽くすことが今、私がやるべきことだと感じるようになったのだ。

もしそうすることでもう一度、あの喜びを分かち合った瞬間を思い出してもらえるなら嬉しいし、カープというチームへの理解と愛情がいっそう深まってくれるならこれほど幸せなことはない。

さらに、私が監督として悩み苦しんだ経験を書き記すことで、私と同じく管理職としてもがいているビジネスパーソンの参考になればという想いもあった。勝利と育成が求められるチームで、いかに結果を出し、いかに若手を育て、いかに組織を強くしていくかという問題は、この5年の間、私が一日も欠かさず考え続けたテーマである。

私は多くの書籍からヒントや気付きを得て、さまざまな難関を乗り越えてきた。私の経験がどれほど役に立つかはわからないが、今度は私自身が〝教えてもらう側〟から〝教える側〟に回り、いただいた知恵をお返しする番だと思ったのだ。

——どうしてカープは25年ぶりに優勝することができたのか？

——どうしてそこから第2次黄金期と呼べるリーグ3連覇を成し遂げることができたのか？

33年間のプロ野球人生を終えて、今こうしてぽっかりと時間が空いたのは、私が自らの野球人生を振り返るためだったのかもしれない。

目を閉じると、あの熱気と歓声がよみがえってくる。

涙と屈辱、汗と努力、歓喜と興奮、そして幾多の人々の途方もない情熱と、その中で立ち現れる人生の真理——私は確かにグラウンドの中で、生きることのすべてを学んだのだ。

あの真っ赤に燃える日々を、もう一度追いかける旅に出よう。

緒方孝市

目次

第1章

少年時代〜選手時代

勝つためのヒントはすべて
ここで学んだ

選手時代データ◯年度別打撃成績

年度	監督	順位	出場試合	打率	本塁打	盗塁
1987	阿南準郎	3	0	0.000	0	0
1988	阿南準郎	3	1	0.200	1	0
1989	山本浩二	2	2	0.000	0	1
1990	山本浩二	2	32	0.357	2	2
1991	山本浩二	1	102	0.185	5	12
1992	山本浩二	4	86	0.226	3	18
1993	山本浩二	6	93	0.240	4	14
1994	三村敏之	3	57	0.278	5	12
1995	三村敏之	2	101	0.316	10	**47**
1996	三村敏之	3	129	0.279	23	**50**
1997	三村敏之	3	135	0.271	17	**49**
1998	三村敏之	5	107	0.326	15	17
1999	達川晃豊	5	132	0.305	36	18
2000	達川晃豊	5	21	0.182	3	1
2001	山本浩二	4	64	0.245	8	1
2002	山本浩二	5	130	0.300	25	4
2003	山本浩二	5	136	0.300	29	8
2004	山本浩二	5	122	0.292	26	4
2005	山本浩二	6	122	0.306	21	3
2006	マーティ・ブラウン	5	81	0.284	6	2
2007	マーティ・ブラウン	5	33	0.181	0	1
2008	マーティ・ブラウン	4	69	0.197	2	2
2009	マーティ・ブラウン	5	53	0.184	0	2
			1808	0.282	241	268

1995年◯盗塁王、ゴールデングラブ賞　1996年◯盗塁王、ゴールデングラブ賞
1997年◯盗塁王、ゴールデングラブ賞
1998年◯ゴールデングラブ賞　1999年◯ゴールデングラブ賞

〝ライパチくん〟だった中学生時代

この本をどこから書きはじめようかさんざん悩んだが、結果、私の子供時代から綴《つづ》ることにした。

私が本来中心に書きたいのはカープで監督を務めた5年間の日々についてだが、そこで学んだこと、重要なヒントになったことを語ろうとすると、どうしても過去にさかのぼらざるを得ないということに行き当たった。私の場合、監督時代の気付きの多くは、コーチ時代、選手時代、それより前の高校時代に体験した事柄に見事に紐づいているのだ。

であるならば、いちいち過去に戻って説明するよりも、最初から時代に沿って書き進んでいき、後で「ここはあの時期の体験が元になって――」と説明した方が話が早い。

なのでこの章では、私がどういういきさつでカープに入り、カープでどのように鍛えられ、カープでどのような選手生活を送ったかということについて書いていく。

私が生まれたのは佐賀県の鳥栖市というところである。

現在であれば近くの福岡には福岡ソフトバンクホークスという魅力的なプロ野球球団があり、地元にはサガン鳥栖というプロサッカーチームがあるが、私が子供の頃はどちらもなかった。

私が10歳になる１９７８年まで、現在の埼玉西武ライオンズが、西鉄ライオンズ～太平洋クラブライオンズ～クラウンライターライオンズとして福岡平和台球場を本拠地に活動していた。しかし当時、ライオンズより人気だったのはテレビで試合を放映している、強くて華やかな読売ジャイアンツだった。

実際、私を含め、まわりの子供たちはみんなジャイアンツファンだった。私は特に一本足打法から繰り出される、美しい放物線を描く王貞治選手のホームランを夢中になって見つめていた。

当然ながら日々の遊びは野球一色である。ゲームなどの娯楽がない時代、子供たちはボールひとつに群がって、日が暮れるまで公園を走り回った。外にいるときは野球三昧、家に帰れば『ドカベン』『巨人の星』『侍ジャイアンツ』『アパッチ野球軍』といった野球アニメ。夢は大きくプロ野球選手！――それは私が野球がうまかったというわけではなく、あの時代の子供は誰もが「夢はプロ野球選手」だったのである。

当時私は走るのは速かったが、特に体格に恵まれていたわけではなかった。中学時代は公立中学の野球部で八番、九番を打っている状態――いわば〝ライパチくん〟（注：マンガ家・吉森みき男の代表作。下手でぎりぎり試合に出ている〝ライトで八番＝ライパチ〟の少年が主人公の野球マンガ）である。毎回試合に出られるか出られないかわからない、目立たない選手のひとりにすぎなかった。

少し話題が逸《そ》れるが、今はスカウト網が発達しているので、多少図抜けた選手であれば中学の頃からマークされ、私立高校からスカウトが来たりする。今やカープの四番、いや日本の四番を任されるようになった鈴木誠也も中学時代から有名だったし、筒香嘉智（タンパベイ・レイズ）も「大阪の堺にすごいやつがいる」と評判だったらしい。清原和博さんや桑田真澄さんの例を持ち出すまでもなく、プロで活躍する選手の多くが早い時期から頭角を現しており、むしろ〝怪物〟と言われるくらいじゃないとプロにはなれない――きっと多くの人はそう思っていることだろう。

私も同感である。その意味で言えば、私は普通の少年だった。ただ、投げて、打って、走って、守って、という野球をするのが好きなだけ――。

私はどこにでもいる野球小僧として、朝から晩まで必死で白球を追いかける毎日をすごしていた。

鳥栖高校で出会った恩師・平野國隆監督

そんな野球小僧の人生が変わったのは、高校に入ってからである。

私は佐賀県立鳥栖高等学校に進学した。鳥栖高校は公立校であり、家から歩いていける距離にあったが、私が中学3年生のときに夏の甲子園に初出場した。私は「鳥栖高に行けば甲子園に出られる！」と迷うことなくその門をくぐった。

　そこで出会ったのが、序章でも書いた平野國隆監督である。

　平野監督は私が最初に出会った大恩人だが、自分が大人になるにつれ、改めてその偉大さが身に沁《し》みてわかってきた。平野監督は、就任6年目に鳥栖高を甲子園出場に導いた。全部で夏2回、春1回の甲子園出場。普通の県立高校を甲子園に導くというのがどれほど大変なことか、野球好きでなくともおわかりになる方は多いだろう。

　しかし、監督の功績はただチームを強くしたというだけではない。トレーニングジムを建て、生徒たちが最先端のトレーニングに励める環境を作り上げた。さらに九州の野球レベルの底上げを図るため、毎年ゴールデンウィークに九州や本州の高校球児を鳥栖に集めて練習試合をする「クロスロードｉｎ鳥栖」という大会を立ち上げた。参加校は最盛期には１２０校を超え、甲子園をはるかに上回るスケールで開催された。つまり、平野監督は自身の生涯を地元・鳥栖と九州の野球の発展ために捧げたと言っても過言ではないのである。

　平野監督には在学中から野球の技術はもちろん、野球に対する向き合い方、人としてのあり方などさまざまなことを教えられた。高校を卒業してプロに入って以降も、社会人としてのあり方、プロとしてのあり方を諭してもらい、特に地域貢献という面に関しては多くの指導をいただいた。

いま、私は毎年プロ野球のシーズンオフに、「緒方孝市ベースボールクリニック」と題した小学生向け野球教室を鳥栖市民球場で開催しているが、それも平野監督の進言がきっかけではじめたものである。多くの方のご協力もあり、クリニックはもう20年以上続いている。

そんな人生を通じた付き合いになるとはつゆ知らず、高校に入りたての私にとって、監督はとにかく絶大な存在感を放っていた。

たとえば、練習がはじまるとグラウンド後方から車のエンジン音が聞こえてくる。当時の平野監督の愛車だった、いすゞのファーゴというワンボックス。そのディーゼルエンジン特有のゴロゴロゴロ……という高い音が近づいてくると、私の胃のあたりがジワッと熱くなる。

監督が来たことでグラウンドの空気も一変する。一瞬も気が抜けない研ぎ澄まされた雰囲気に包まれる。ノックをはじめても、そのノックが抜群にうまい。そしてこちらが一球でもエラーすると、倍のスピードで次の球が飛んでくる。

平野監督が作り出す緊張感と集中力は3年間ずっと変わらなかったし、ディーゼルエンジンの音を聞くと胃が熱くなるという、「パブロフの犬」のような私の条件反射も卒業するまで消えなかった。

しかし、平野監督がただ厳しいだけの監督かと言えば、そうではない。監督には厳しさと同時に優しさがあった。練習試合の帰りには食堂に寄って、育ち盛りの部員たちにラーメンやうどんをポケットマネーで腹いっぱい食べさせてくれた。そんなときにはグラウンドとは違うあたたかな笑顔で、私たちの話に耳を傾けてくれた。

監督の優しさが一番表れたのは、卒業が迫り、部員全員の進路について真剣に相談に乗ってくれたときだろう。ほとんどの生徒は進学するが、進学しても野球を続けたいという部員はどこに行けば野球ができるか、一方、社会人に進んで野球がしたいという部員にはどんな就職先があるのか、平野監督はすべての部員の進路にきちんと向き合ってくれた。

厳しく指導する一方で、それぞれの将来に対しては最善のサポートを約束する――それが監督のモットーだったのである。

高校3年間、一度も甲子園に出られなかった

そんな監督の指導の下、私の野球技術もやっと向上していく。

なにより高校に入って成長期が訪れた。高校の3年間で身長が20センチ近く伸びた。日増しに大きくなっていく身体を、平野監督の創意に満ちたトレーニングが容赦なく鍛え上げた。

ただ、当時は自分が上達している実感はなかった。私は日々の練習についていくので精一杯だった。ヘトヘトになるまで練習し、家に帰れば夕飯を食べてバッタリ眠り、翌日はまたヘトヘト

になるまで猛練習……。自分を客観視できる余裕などなかった。

しかしそんな懸命に打ち込む毎日の中で、少しずつ私の実力は付いていたのだろう。1年生の夏休みがすぎた頃には内野手のレギュラーになり、試合に出られるようになった。打順も上の方に上がっていった。

そして高校３年生になるとき、私はキャプテンに指名された。それは私の野球人生で初めての経験だった。私は自分が選ばれるとはまったく思ってなかったし、それを聞いた母も「そんな大役は荷が重いじゃろう。断りなさい」と真顔で言った。それほど当時の私とキャプテンという役割はかけ離れていたのである。

不安は的中した。私の頭にはすぐに５００円玉サイズのハゲができた。いわゆる円形脱毛症である。

キャプテンに指名されたことで、私の野球に対する見方は変わった。これまでは自分のプレイのみに集中していればよかったが、キャプテンになると監督から最初に声がかかるのは私になる。監督と直接コミュニケーションをする機会が増え、吸収するものが多くなった。

また、キャプテンは部員をまとめることはもちろん、監督と部員をつなぐ役割も要求される。自分のことだけでなく、チーム全体を見なければならなくなる。試合に勝つために仲間に厳しく言わなければならないことも出てくる。

監督からは「こうしてくれ」と言われ、仲間からは不満や文句をぶつけられ……キャプテンというのは、まさに中間管理職そのものだった。しかも鳥栖高校は県内では強豪校と目されているため、重圧ものしかかってくる……。

結局、私は高校3年間、一度も甲子園の土を踏むことができなかった。私が主将を務めた3年時、春の九州大会ではベスト8、夏の甲子園佐賀県予選は準決勝で敗退した。

最後の試合は僅差のゲームで、私は最後の打者になった。9回裏2死で打席に立ち、凡打に終わった。私は優勝候補のキャプテンでありながらチームを勝たせられず、悔しさと情けなさと仲間に対する申し訳なさだけが残った。

私はもっと野球をやりたいと思った。野球がうまくなりたいと思った。最終的に甲子園に出る夢は叶わなかったが、高校時代、平野監督の下で野球に取り組んだことで野球の面白さにますますのめり込んでいた。野球から離れられなくなっていた。

私は大学でも野球を続けたい旨を監督に伝えた。監督の紹介で大学野球部が主催するセレクションを受け、首尾よく合格した。8月中には大学進学と、そこで野球を続けられることが決まった。同級生たちは甲子園予選を最後に部活動を引退したが、私は大学でも野球をするため新チームの練習に参加してトレーニングを続けていた。

そんなとき、思いもかけない話が舞い込んできた。

ドラフト会議で広島から3位指名

「スカウトの人が来たぞ」

あれは確か10月のことだった。平野監督がぼそっと私にささやいた。そして「もしかして指名する意思があるかもしれないぞ」と付け加えた。

それはプロ野球の何球団かが挨拶に来たという話だった。特に熱心なのが、カープと日本ハム。西武を除く全11球団が監督のところに来たということだった。

しかし私はそれを聞いたところで、気にも留めていなかった。

先ほど書いたように、私は8月の時点で大学進学を決め、そこに進むつもりでいた。確かに幼い頃からプロ野球選手になるのは夢だったが、さすがに10代後半になればそれがどれだけ困難なことかよくわかる。おまけに自分は有名校にいるわけでもなく、甲子園に一度も出たことのない人間なのだ。そんなことを信じろと言う方が無理な話である。

ちなみにその年、九州の高校生は豊作だと騒がれていた。鳥栖のとなり町にある三養基《みやき》高校の中村日出夫がドラフト2位で西武に指名され、熊本工業出身で私と名前の読みが同じの緒方耕一がドラフト6位で巨人に指名された。同じく熊本工業の永野吉成はロッテ5位、福岡の柳川高は巨人4位の樽見金典、中日3位の西村秀嗣と2人のプロを輩出し、私のひとつ上の広島2位指名も福岡・常磐高の小野一也だった。

そうした状況も、私の気持ちを冷静にさせた。同級生のすごいヤツらが地元だけでもこれだけいるのだ。何球団かが視察に来たという話は耳にしたものの、私はそれ以上の情報を聞こうとしなかった。どうせ冷やかし半分か、何かのついでくらいだろう。私は大学進学に向けて黙々と練習を続けていた。

しかし１９８６年11月20日、ドラフト会議で私は広島から３位指名を受けた。

その直後、学校から電話がかかってきた。学校も生徒がドラフト指名されたことは初めてだったので、大慌てだった。

すぐに家族会議が開かれた。私の両親は鳥栖市内で魚市場を営んでおり、そこに平野監督が加わった。両親は「挑戦したい気持ちがあるのなら行けばいい」と言ってくれたが、私が最初に漏らした言葉は「大学に４年行ってからプロに入っても遅くないんじゃないか」という悠長なものだった。

そのときは大学進学が決まっていたということもあるが、いま思えばやはり自信がなかったのだろう。ずっと夢だったプロ野球選手という夢が突然現実になるという戸惑いと、「自分がプロの世界でやっていけるのか？」という不安が激しく交錯していた。

その日は結論に至らず解散となり、後日改めて集まることになったが、監督は親身になって私のことを考えてくれた。その監督の一言が私の心を動かした。
「大学を出てプロになりたいと思っても、そのときに入れるとは限らないよ」
ここで断ってしまえば、もうプロから誘われることはないかもしれない。これは一度きりのチャンスかもしれない。子供の頃から追いかけてきた夢を自ら手放してしまっていいものか？　本当に後悔しないのか……？

次の家族会議のときには、気持ちは固まっていた。おそるおそるプロに行くことを告げた私を、母は「やるだけやってきなさい。もし失敗してもうちは商売しよるんやから、帰ってきて店を継げばいいんやから！」と明るい口調で励ましてくれた。

３回目の家族会議のときには、カープのスカウトの宮川孝雄（その後、村上孝雄に改名）さんが来られて、そこで正式に「よろしくお願いします」ということになった。こうして私は広島カープに入団することが決まった。

ちなみに、そのときの私のカープに対するイメージは「投手王国」というものである。

当時カープは１９７５年の初優勝を皮切りに、１９７９年、１９８０年、１９８４年、１９８６年とセ・リーグを制し、そのうち１９７９年、１９８０年、１９８４年は日本一に輝くなど黄金時代の真っ只中だった。この年も２年ぶりのリーグ優勝を果たし、西武との日本シリーズは３連勝の後の４連敗という悔しい負け方で敗れたばかりだった。

テレビのジャイアンツ戦を観ていても北別府学さん、川口和久さん、大野豊さん、津田恒実さんといった好投手が立ちふさがり、1対0や2対1などロースコアの展開になることが多かった。投手戦で8時すぎには試合が終わってしまうため、放送時間が余ってしまい、王選手のホームランシーンなど昔の貴重映像をよく流していたように記憶している。

緊張する入団会見、私は「高橋慶彦さんのような、打って走って守れる三拍子そろった選手を目指して頑張ります」と発言した。

私は晴れて広島カープの一員になったのだった。

先輩のひたむきさに息を呑む

初めての広島、初めてのプロ野球の世界――できて間もない大野寮に入寮した私を待っていたのは、高校時代とは比べ物にならない圧倒的な練習量だった。

もとよりカープは他球団に比べ練習が厳しいと聞いていたが、想像以上にハードだった。沖縄キャンプに行くと午前中はずっと走りっぱなし、午後になると守備練習と打撃練習。朝起きてから夜寝るまで文字通り野球漬けの毎日である。

高校時代は厳しいといっても、練習は授業の後に行われるので3〜4時間がせいぜいだった。

しかし、プロになると当たり前だがそれが一日中続く。当初は毎日クタクタで、本当に付いていくのが精一杯――それは高校時代の最初の頃とまったく同じ状況だった。

さらにその時期のカープは前年に山本浩二さんが現役を引退したとはいえ、黄金期を彩った選手が数多く在籍していた。衣笠祥雄さん、正田耕三さん、山崎隆造さん、達川光男さん、高橋慶彦さん、長嶋清幸さん、長内孝さん……私は新入りなのでそうした方々と一緒に練習することはなかったが、ひとまわり以上年上の選手たちと同じチームで野球をするということは、高校を出たての人間にとって衝撃的なものがあった。

また、二軍レベルであっても、自分より1～2年早く入団した選手たちとの体力差は一朝一夕で埋められるものではなかった。その上でさらに、走るのが速い人、ボールを遠くに飛ばす人、守備力に秀でている人……といった飛び抜けた技術の持ち主がゴロゴロいるのだ。

そんな環境で、私はとにかくガムシャラに食らいつくしかなかった。日々練習に付いていくだけで精一杯なので、逆に余計なことは考えなかった。母がくれた「やるだけやってダメなら店を継げばいい」という言葉を支えに、担当コーチが考えてくれたメニューを機械のように消化していった。打撃面ではスイングスピードを上げるためバットを振る力の向上を図り、守備においては基本動作となる捕球の姿勢を繰り返し繰り返し叩き込まれた。最初の2年間は本当にただそれだけですぎていった。

入団３年目になるとさすがに基礎体力も付き、普段の練習も当たり前にこなせるようになった――と言いたいところだが、カープはそれほど甘くなかった。１９８９年に山本浩二さんが監督に就任し、ただでさえ多い練習量がさらに増した。チームは黄金時代の選手が引退し、世代交代の時期にさしかかっていた。若手選手の育成が急務となり、それゆえ選手も指導者もいっそう練習に力が入った。その後のことを考えても、入団３年目のこの年が私の現役時代、もっとも練習に明け暮れた年であったことは間違いない。

さて、先ほど私は「カープは他球団に比べて練習が厳しい」と書いたが、現役時代にそれを実感することは一度もなかった。なぜなら私は高校を卒業してすぐにカープに入ったので、他チームがどんな練習をやっているのかまったく知らなかったからである。

さすがに今は、いかにカープが練習量の面で〝異常〟と言っていいくらい突出しているかわかるが、当時は「プロというのはこういうものなんだ」と思って食らいつくしかなかった。だからこそ耐えられたところもあったかもしれない。

昨今はチームづくりのため、選手に厳しい練習を課す球団もあるようだ。しかしことカープに関して言えば、チームの異常な練習量というのは決して上から強制的に押し付けられたものではない。あれは選手が自主的に取り組んでいるチームの伝統なのである。

ひとつの忘れられない場面がある。

入団３年目の開幕前、私が寮で晩飯を食べていると高橋慶彦さんがドアを開けて入ってきた。そして、

「室内練習場のボール、ちょっと頼むわ」

と言って去っていった。私はなんのことかわからず、とりあえず寮のそばの室内練習場に行き、ドアを開けた。そしてアッと息を呑んだ。

あたり一面に膨大な数のボールが散らばっていた。そこに転がっていたのはざっと５００球のボールだった。慶彦さんはさっきまでここでマシン相手に、ひとり黙々と打ち込みをやっていたのだ。５００球というのは、だいたい2時間の打ちっぱなしに相当する数である。

あの慶彦さんが、こんな夜に、ひとりで2時間も……。

開幕前というのはどんなに結果を出しているベテラン選手でも不安なのだ。今年も打てるのか、自分は今年も活躍できるのか、不安で不安で仕方がないのだ。

「片付けておいてくれ」は慶彦さんだけでなく、正田さんの場合もあった。開幕前だけでなく、シーズンがはじまってからも幾度もあった。

それ以降、私は寮にいて、夜、室内練習場から打撃音が聞こえてくると、その音に心が引っ張られるようになった。今夜は誰がバットを振っているのだろう？　誰がもうすぐ顔を出して「おい、誰か若いのいるか？」と声をかけてくるのだろう……？

特にカープというチームでは、レギュラー級の選手でも練習によって不安を取り除こうとし、われわれ若手はそんな先輩の背中を見て育った。練習するのが当たり前、努力するのは当たり前――それは言葉で伝えられるものとは異なる〝教えない教え〟というチームの伝統であり、私の身体にも自然と染み込んでいったのである。

足掛かりをつかんだ〝特走隊〟

カープは若手選手を育てるため、厳しい練習に加えて独自の取り組みも行った。

たとえば入団３年目の１９８９年、私はアメリカの教育リーグへ留学させられた。

当時の松田耕平オーナーは、ドミニカ共和国にカープアカデミーを設立するなど国際的なセンスと先見性を持った方だった。そんな中、先代オーナーは若手の何人かをアメリカで修業させるという案を思い付いた。前年までは９月に二軍の活動が終わった後、若手編成のチームをマイナーリーグに１ヶ月ほど参戦させていたが、それとは別に数人を選抜して、野球留学という形で本格的に現地で鍛えることにしたのである。その初年度、私は留学する３人のうちの１人に選ばれ、４月のシーズンインから９月の終わりまで、半年間にわたってアメリカですごすことになった。

私たちはマイナーリーグのチームに参加し、この年のシーズンの百数十試合、アメリカ全土を転戦した。この〝留学〟は、野球道具もろくに買えないような現地の選手たちとプレイすることでハングリー精神を養うことが目的だった。

実際、英語でしかコミュニケーションのできない異国の過酷な環境に置かれたことにより、私の野球に対する向き合い方はずいぶん変化した。給料は1週間で３００〜４００ドル程度、親しくなった選手も成績が振るわなければすぐにいなくなる、長距離移動や格安ホテルでのくらし、そしてチームにいるのは個性的な選手ばかり……。アメリカに渡ったのは選手３人と現在カープの球団本部長を務めている鈴木清明さんの４人だけで、毎日が合宿のような生活だった。

さらに、渡米前の春季キャンプでは〝特走隊〟というチームが結成され、私はそのうちの1人に選ばれた。この時期、カープには今井譲二さんという走りのスペシャリストがいたが、今井さんも30代に入り、代走というポジションでも世代交代を進める必要があった。当時チームには河田雄祐（私の監督時代、守備走塁コーチとして一緒に働いてもらった）、広陵高校出身の石橋文雄、そして私と、走力に自信を持つ３人の若手がおり、球団側はこの中から1人、代走や守備固めとして使う選手を輩出する方針を固めたのである。

特走隊に選ばれたことで、私たち３人は来る日も来る日も走り回った。相手投手のモーションを盗む練習、牽制を素早く察知する練習、短時間でトップスピードまで持っていく練習、タッチをかいくぐるスライディングの練習……とにかく走ること、盗塁技術に関することを徹底的に叩き込まれた。これは球団側の「まずはひとつ武器を作る」という育成方針が影響していた。

若い選手はすべてのレベルを上げようとしても、チャンスをつかむまでに時間がかかる。大事なのは足りない技術を補うのではなく、まず他より秀でた個性を見つけ、それを大きく伸ばすこと。そして一軍に上がって経験を積めば、「自分にはひとつ一軍で通用する武器がある」と自信を付けると同時に、それ以外の面でのレベルアップの必要性が身に沁みてわかってくる。

私にとって他より秀でた武器とは、足であり、守備であった。それをきっかけに一軍に上がってトップレベルを目の当たりにすると、「この人たち以上の足と守備を身に付けなければ一軍の戦力にはならないんだ」ということを痛感した。上の景色を見ることで、自分が磨くべき武器とその目標値を認識したわけである。まずはひとつの武器を身に付け、次に足りない部分を埋めていければ、やがてレギュラーの座も見えてくる――そのように若手に意識づけをさせる育成のノウハウが当時からカープにはあったのだ。

また、この特走隊は同年代で同レベルの選手を競わせることで、競争意識を刺激するという狙いもあった。3人の中で一番にならないとベンチに入れないという競争は、裏を返せば一軍に入れる枠が1つはあるという意味になる。それは「この競争に勝ち抜けば一軍に行ける」というニンジンが目の前にぶら下がっている状況でもあった。

実際、私はこのときの練習で走りに走ったが、現役生活における走塁の土台はここで作られたと断言できる。私は１９９５～１９９７年の間、３年連続で盗塁王を獲得したが、それは特走隊のときの練習がベースになったものである。

　ここで私が強調したいのは、とにかく私はチームの育成方針の中で育てられた選手だということだ。まずチームとして「こういう選手がほしい」「こういう選手が必要だ」という確固たるビジョンがある。そして、構想に合いそうな選手をピックアップして、その選手の特長を引き出し、重点的に強化していく。

　指名された選手は、最初は不本意だったり、どうして自分が呼ばれたのか理解できないかもしれない。しかしこの世界で生きていくにはその道を進むことが最適解なのだ。監督や首脳陣が長期的かつ全体的にどういうチームを作るべきか考えた結果、トップダウンでチャンスが与えられる。まずはひたすらそこを鍛え上げることによって、右も左もわからない若手にこの世界で戦うことのできるひとつの武器を伝授する――。

　そう考えると、私は改めて「チームに育てられた選手なんだな」と実感する。私は広島カープという育成システムを持つチームに入らなければ、プロ野球選手としてやっていくことはできなかっただろう。

同世代へのライバル意識が成長の源

カープに入って私は多くの指導者に恵まれたが、内田順三打撃コーチもそのひとりである。内田コーチはカープで現役引退後、打撃コーチとしてカープとジャイアンツを行き来しながら多くの打者を飛躍させた。カープでは正田さんや野村謙二郎さん、江藤智、前田智徳、金本知憲、嶋重宣、巨人では高橋由伸や阿部慎之助らを一人前に育て上げたと言えば、どれだけ日本のプロ野球界に貢献してきたか、そのすごさがわかってもらえるだろう。

私が内田コーチと密な時間をすごしたのは、私が入団して６年目の１９９２年、23歳のときである。

その頃、私はアメリカでの武者修行や特走隊の効果もあって、代走や守備固めといった役割を中心に一軍の試合に絡めるようになっていた。前年の１９９１年は１０２試合に出場。この年、カープは２０１６年まで遠ざかることになる前の最後の優勝を果たし、その勝利の瞬間も私はレフトの位置にいた。そして、ビニールシートを敷いた旧広島市民球場・内野グラウンドでの〝野外ビールかけ〟も経験した。

ちなみにこの優勝体験があったからこそ、私は選手晩年まで「もう一度このチームで優勝を味わいたい」という夢を抱くことになる。あくまで広島で、ファンと共に優勝したいと願い続けたのは、この年の地元優勝の喜びがあったからである。

ただし、優勝を経験したと言っても、実際の成績を見れば大半は途中出場によるものである。前年の打率・１８５、その年の打率・２２６という数字が示すように、打撃の面に課題があることは誰の目にも明らかだった。私はまず走塁と守備でチームに貢献できるようになったので、次は打つ方を鍛えて、主力選手を目指すという段階にあった。

一方でその時期、私は強い危機感を抱いていた。確かに試合に絡めるようになってきたものの、チームにおける立場は微妙で、簡単に言えば〝一軍半〟といったところであった。入団6年目ともなると、私の後から入団した選手にも戦力外通告を受ける者が現れ、ここが厳しい競争社会であることをひしひしと感じるようになっていた。

結果を出せなければ翌年の契約はない、チームは何年も待ってくれるわけではない――プロの世界の厳しさを目の当たりにした私は尻に火が点《つ》いていた。この一軍半の状態から上に向かって這い出さなければ、未来はないも同然だった。

そうした焦りをさらに加速させたのが、当時のチーム状況だった。当時カープは黄金期を支えた選手から、次代を担う若手へと切り替えを進めている最中だった。私より後に入団した野村さん、江藤、前田智徳らが主力となり、そうこうしている間に町田公二郎といった期待のホープも入ってきた。それは私にとって大きな刺激となった。激しい競争意識が選手同士の切磋《せっさ》琢磨《たくま》を生み、それが結果的に強いチームを形作ることになる。

今にして思えば、こうした同世代に対するライバル意識、負けん気が私を育ててくれたのだと思う。

彼らはそれぞれ、誰にも負けない個性と才能を持っていた。江藤のホームランを打つ技術、前田の天才的なバットコントロール、野村さんに至っては走攻守に加えチームリーダーとしての資質まで備えていた。特に野村さんは私の故郷・佐賀の隣りの大分出身で、大学時代に日本代表に選ばれソウルオリンピックに出場するなど、野球のエリート街道を歩んできた方である。

彼らは全員私より後に入団したにもかかわらず、私より先に才能を開花させ、一軍に定着していった。年齢的には野村さんが私の２つ上、江藤が２つ下、前田智が３つ下である。

私は彼らの特別な才能は認めながらも、それでも彼らに負けたくない、どうにかして追い付き、追い越したいという想いを秘めて練習していた。なんとかして自分に足りない部分を伸ばそうともがいていた。

内田打撃コーチから声を掛けられたのは、そんなふうに私が選手として生き残るのにギリギリで、気持ちもヒリヒリしていたタイミングだった。

その年のシーズンオフの12月、内田コーチは「うちに来い」と私に告げた。まだ真新しい内田コーチの家に行くと、家の駐車場にはネットが張られ、バッティング練習ができるスペースが作られていた。

私はその年の12月、毎日内田コーチの家に通い、マンツーマンで打撃指導を受けることになる。

内田コーチの自宅で特訓

今も当時も12月は球団側と選手会の取り決めにより、コーチは選手を指導してはいけないというルールがある。しかしその頃はまだ規則の適用は緩やかな面があった。

「おまえ12月ヒマだろ？　うちに練習しに来いや」

内田コーチからそう声を掛けられた私は、朝の9時に内田邸を訪ねた。そして昼までの3時間、内田コーチとティー打撃を行った。そしてそのまま家でシャワーを借り、汗を流した後は奥様やお母様と一緒にお昼ご飯をいただいた。午後は個人で筋力トレーニングである。

本来ならばオフのはずの12月、私は毎日そのスケジュールをこなした。毎日内田コーチの家に行き、毎日ティー打撃に付き合ってもらい、毎日シャワーを借りて、毎日お昼ご飯をごちそうになり、毎日ひとりでウェイトトレーニングを続けた。

言うまでもなく、コーチもひとりの人間として12月くらいは休みたいのが本音である。それを返上して忙しい師走の1ヶ月、まるまる一選手の指導に付き合ってくれるというのは、よほどの情熱がないとできないことだ。しかもシャワーやお昼ご飯までというのは、家庭を犠牲にしていると言ってもいい。

そんなコーチの情熱は、やっている側にも当然伝わる。1年間の長い戦いが終わり、やっと身体を休められるオフシーズンにもかかわらず、私のために休みを潰《つぶ》してくれている人がいるのだ。自然と練習には力がこもった。12月であってもユニフォームを着ているとき以上の気持ちで、私は真剣にバットを振った。

練習の成果というのは、知らず知らずのうちに表れてくるものである。初めは自分に力が付いているのかどうかわからない。今やり続けている練習にどういう意味があるのかもわからない。それでもわからないなりに歯を食いしばって続けていると、いつのまにかこれまでできなかったことができるようになっている。そのとき初めて、これまでやらされてきた練習がいかに意味のあるものだったか理解できる。

1年経ってわかるのか、2年経ってわかるのか、5年経ってわかるのか……それは選手によってまちまちだろう。しかし私は、これまで練習がムダに終わったことは一度もない。どんな練習であっても「あのとき言われたことはこういうことだったのか」「あのとき課されたメニューにはこういう意味があったのか」と、すべて後から理解できる。

渦中にいるときはわからなくても、それをやり続けていれば必ずその後〝気付き〟が生まれる

――それは現役時代に私が辿り着いたひとつの真実である。

内田コーチとの打撃練習に関しても、翌年2月の春季キャンプに入った際、いつもと違う感覚があった。打撃練習で打ち返す球の速度が上がっているのだ。そうした成果を感じることによって、私はいっそう「練習は裏切らない」「継続は力なり」ということを信じるようになっていった。

「当時はわからなくても、後でわかる」という意味では、感謝ということも同じである。やってもらっているときには意味やありがたみはわからない。選手として追い込まれていた私は自分のことで必死だったし、打撃向上のヒントをつかむことしか頭になかった。あのとき内田コーチがどれだけの想いで根気強く自分に付き合ってくれたのか、そのことを真に理解し、言葉に尽くせぬ感謝の念に打ち震えたのはずいぶん後になってからである。あれは本当に自分の財産になるトレーニングだった。

そしてこれも後になってわかったことだが、どうやら内田コーチが私の面倒を見てくれていた裏には、球団側から「緒方を一人前にしてやってくれ」という申し出があったらしい。走塁と守備は通用するようになったが、バッティングで伸び悩む私をオフの間に鍛えてやってくれという依頼が球団側からあったのだ。

そう考えると、私はより大きな構想の中で育てられた選手ということになる。

常に生え抜きの若手選手を、自前で一人前に育てていく――私はカープ伝統の〝育成〟方針にのっとり、球団により計画的に鍛えられた選手だったのである。

タイトル宣言の命令

1994年になると、私をとりまく環境は大きく変わった。それまで5年間続いた山本浩二監督が退任し、三村敏之新監督が誕生した。

三村監督のことについては後で詳しく触れるが、三村監督の就任によってコーチングスタッフもガラリと変わった。新たにヘッド兼打撃コーチになられたのが山本一義コーチだった。

もともと広島出身のスラッガーだった一義コーチは、カープ後援会の名誉会長で後に総理大臣にまで上り詰めた池田勇人氏の熱烈な説得によってカープに入団したという伝説を持つ人物である。現役生活を終えた後はチームに残って打撃コーチを務め、高橋慶彦さんや山崎隆造さんをスイッチヒッターとして育て上げた。

そんな一義打撃コーチの15年ぶりの広島復帰が決まった秋のこと、私は一義コーチからこう声を掛けられた。

「おい、孝市、俺のところに迎えに来てくれんか」

レギュラー以外のカープの選手は日南や沖縄といったキャンプに入る前、地元広島で練習を行う。その練習場までの送り迎えをしてくれないかという申し出だった。

当時私は寮を出てひとり暮らしをしていた。どうして私に送迎を頼むのか理由はわからなかったが、私は毎日一義コーチの家に車で行き、練習が終わったらまた車で送っていくという役割を担当することになった。

一義コーチは車の中でいろんな話をしてくれた。最初は一義コーチが現役の頃の昔話が中心だった。「王さんはこういう練習していた」「長嶋（茂雄）さんはこんな気持ちで打席に向かっていた」……。「おまえは知らんだろうけどな――」という前置きからはじまる歴代スーパースターのエピソードはどれも面白く、これまで聞いたことのない内容に私はすっかり感動していた。

やがて一義コーチは「おまえ、目標は何だ？」と聞いてきた。

「目標って……まあ、得意なのは走ることですね」

口ごもる私に一義コーチは、

「じゃあ盗塁王をとれ。タイトル宣言せえや」

と言ってきた。

前述したように、その頃の私は試合に出たり出なかったりで、出たとしても代走や守備固めが中心の一軍半的なポジションにいた。とてもレギュラーと言える状態ではなく、どちらかといえばくすぶっていた。そんな私が盗塁王を口にするなんてとんでもない……尻込みする私に、一義コーチはこんこんと語りかけてきた。

目標を持つことがいかに大事なことか。それも高くて具体的な数字をともなった目標を持つことが大事で、もし何か定めたならそれを公言しないといけない。新聞などマスコミの取材を受けることがあれば、それを宣言しなければいけない――。

私は一義コーチの言うことを聞いて、素直にそれを実行することにした。自信はまったくなかったが、取材のたびに「目標は盗塁王です」と口にした。試合にロクに出てない選手がタイトル宣言をするのは心苦しく、恥ずかしく、かなりの負担を強いられる作業だった。

しかし――一義コーチがコーチになって２年目の１９９５年、私は47盗塁を記録して盗塁王を獲得した。

その翌年も私は一義コーチの運転手を仰せつかった。また毎日車の中で２人きりの会話が繰り広げられる。一義コーチが私に言ってくる。

「孝市、今度は打撃部門でタイトルをとれや。目標を決めて、具体的な数字を挙げて、それを宣言していけや――」

一生懸命ではなく本気で取り組め

結局、一義コーチが打撃コーチを務めた5年間、私はずっと送り迎えを担当した。毎日40分～1時間の移動時間、私は助手席に座る一義コーチとマンツーマンで会話を続けた。

いま思えば一義コーチが私にもたらしてくれたのは意識改革だった。それまで私は練習に励んではいたが、それはガムシャラにやっていただけで、自分の頭で考えてやっていたわけではない。一義コーチは目標を決めてそれを口に出すというやり方で、自らの方向性を認識させ、実現に向けたプレッシャーをかけようとした。

目標を掲げることで、自分のやるべきことは明確になった。もちろん目標が達成されることが一番だが、たとえ達成できなくてもそれは次への材料になる。どうして実現できなかったのか、自分には何が足りなかったのか……。

私は１９９５年に続いて96年、そして97年と盗塁王を獲ることができたが、それも一義コーチとの会話で進んだ意識改革のおかげである。まずタイトルを獲得し、次にまぐれではないことを証明するための2年目があり、相手に対策される中、それをさらに上回る研究をすることで3年目がある――それらはすべて一義コーチとの会話の中で思考が整理され、目標を明確にすることで実現できたものだ。

他にもこんな言葉が私の中に残っている。

「一生懸命じゃダメだ。それはアマチュアの心だ。本気になって取り組むのがプロの心構えというものだ」

「目標を持て」と同様、これも一義コーチの口癖だったが、パッと聞いただけでは意味がわからない。「一生懸命も本気も一緒じゃないか？　どこが違うんだ？」――そんなふうに思うかもしれない。

しかし一義コーチは何度もそれを繰り返す。くどいくらいに繰り返す。そうすると不思議なもので、言葉を超えて一義コーチの言いたいことが心に沁み込んでくる。

この世界では努力することは当たり前。プロならば常に〝本気〟や〝真剣〟な気持ちで物事に取り組まなければならない――。

そうした言葉は私だけにかけられたわけではなく、一義コーチはチームのミーティングでも頻繁に語った。あの時期のカープの選手に心構えの重要性を植え付け、今でいうメンタルトレーナーの役割まで担っていたのが一義コーチなのである。

しかし私としてはやはり、闇雲《やみくも》に練習していた状態から目標を持つことの意味を気付かせてくれ、タイトルまで獲らせてもらった恩人として一義コーチは忘れがたい。

伸び悩んでいる選手にきっかけを与えて、才能を開花させる。目標を決めて行動をうながし、それが達成できたら次の目標を持たせてさらなる高みに挑ませる――一義コーチが私にしてくれたのはコーチとしての理想の指導であり、そこから二十数年後、今度は私がコーチになったとき、私は一義コーチがしてくれたことをおおいに参考にすることになる。

そう考えると私は一義コーチに、プロ野球選手としての意識とともにコーチとしての意識も教えてもらったのかもしれない。

〝超二流〟が組織には不可欠

三村敏之さんは後に監督となる私にとって、理想の監督像を体現している方である。

三村監督は１９９４～１９９８年までカープの監督を５年間務めたが、私が入団したときは一軍守備走塁コーチで、監督就任前の１９９１～１９９３年は二軍監督をされていた。だから私のすべてを知っていると言っても過言ではない。

私は自分自身が監督に就任するとき、理想の監督として三村監督の名前を挙げたが、その理由はいくつかある。

細かいサインをチーム全体で共有する緻密《ちみつ》でスキのない野球を目指したところ、常に勝負に徹して選手に対する厳しさがあったところ、一流の戦略家としてさまざまな攻撃バリエーションを用意していたところ、自分は表に出ず選手に伝えるときには常にコーチを通したところ……。

　特に目指す野球の方向性については影響を受けた。三村監督が目指した野球は、いわゆる〝広商野球〟の流れにあるものだ。送りバントや盗塁、スクイズを多用して1点を奪い、それを固い守備で守り抜くスタイル。カープの礎《いしずえ》を作った初代監督の石本秀一さんが広島商業出身だったこともあり、カープの野球の底流には常に広商野球があった。三村監督を含め山本一義コーチ、大下剛史さん、達川光男さんといった面々は広島商からカープの中枢に入った方たちである。

　それゆえ三村監督は、とにかく選手に走らせた。監督就任時、「もう一度カープの野球をやろう」と言って徹底的な走り込みから練習をスタートさせた。

　三村監督の標榜《ひょうぼう》する広商野球の基本は走力であり、足の速い遅いは関係なかった。驚いたのは江藤や外国人選手など、決して足が速くない選手にもどんどん盗塁のサインを出して走らせたことである。まったくマークしていない選手が走ってくるので、相手も虚を衝《つ》かれて成功率も高かった。

　広商野球というと手堅く派手さのない野球と思われるかもしれないが、三村監督の野球はそんなことはなかった。意外性、大胆さに満ちており、その裏には野球のことを徹底的に考え抜いた緻密な戦略が見え隠れした。

　忘れもしないのが、１アウト満塁、３ボール２ストライクのフルカウントからスクイズのサインが出たことである。そんなサインは私の野球人生で初めてであり、それを見たときは本当に驚いた。私のこれまで知っていたセオリーとは異なる作戦に、「こういう点の取り方があるのか」「こういう野球があるのか」と何度も目からウロコが落ちる想いがした。

その一方で、知的でソフトな印象の三村監督は選手に対して厳しかった。「わしがレギュラーと認めた選手はどんな成績でも試合に出てもらう」と公言し、痛いかゆいといった声に一切耳を貸さなかった。勝利のためには非情に徹し、たとえレギュラーであろうとチャンスに代打を送られることはしょっちゅうだった。

こうした三村監督の野球哲学は、ご自身の著書である『超二流のススメ。』（アスリート社／絶版）のタイトルに掲げられた〝超二流〟という言葉に集約されている。三村監督は決して自らを一流とは思わず、「二流だからこそ自分の素質を見極め、一芸を磨くことで生き残りを図らなければならない」という考えの持ち主だった。

誰もが一流になれるわけではないが、むしろ組織において一流の人材はそれほど多く必要ない。強い石垣を組むためには大きな石と石の間に入ってスキマを埋めることのできる小石が必要なように、小さくても自分で形を変えられる小石のような人材（＝超二流）こそが求められる――そういう〝組織ファースト〟の思想が三村監督にはあった。すべての物事をチームづくりの観点から捉え、そのために必要なパーツに選手自身が近づいていかなければならないという考えが基本にあった。
入団3年目で特走隊に抜擢され、走塁と守備の技術を徹底的に叩き込まれた私は、三村監督の時代にレギュラーの座を獲得することになる。

〝メークドラマ〟の屈辱

私が三村監督を恩師と呼ぶのは、三村監督が采配を振っていた時期に忘れがたい思い出が刻まれていることもある。思い出といっても、それは楽しいものではない。現役時代を振り返っても、あそこまで悔しい経験をしたことはなかった。

それが起きたのは1996年――もう、こう書いた時点で古くからのファンの中にはピンと来る方もいるだろう。そう、あの〝メークドラマ〟で知られる長嶋巨人軍に逆転優勝されてしまったシーズンである。

三村監督の就任以降、カープは着実に力を付けていた。山本浩二監督の下で育てられたメンバーが成長し、チームの主力は野村謙二郎、江藤、前田智、金本、西山秀二といった若手選手に切り替わった。この年の彼らの年齢は開幕時点でそれぞれ29歳、25歳、24歳、28歳、28歳――若手ならではのフレッシュさを残しつつ、選手として一番脂の乗った時期である。

ここにこの年と翌年、打点王を獲得するロペスが加わった。ベンチには浅井樹、町田公二郎という左右の代打の切り札も控えていた。ビッグレッドマシンと称された強力打線はおおいに機能し、チーム打率、総得点の面でリーグ１位になった。

三村監督の時期、私は多くのチャンスをもらった。カープ伝統の機動力を活かすという、監督の目指す野球にフィットしたせいもあるだろうが、私はさまざまな場面で起用され、そのチャンスをモノにしようと気持ちも入った。内田コーチの技術指導、一義コーチの意識改革を受けて初年度の１９９４年には打率も・２７８まで上昇し、１９９５年からは３年連続で盗塁王のタイトルを獲得した。

１９９６年、私は28歳で選手としての充実期に入っていた。同時に三村政権も３年目で、監督のやりたい野球は選手にすっかり浸透していた。

１９９４年、３位。１９９５年、２位。そして１９９６年——もう優勝を狙えるチーム戦力は整っていた。

実際カープはスタートダッシュに成功した。５月、６月で大きく勝ち越し首位に浮上。一時は巨人に11・５ゲーム差を付けて独走態勢を築き上げた。しかし７月９日、直接対決でエースの紀藤真琴が９連続安打を浴びて敗戦したのを境に巨人が復調。猛烈なペースで追い上げをはじめた。巨人、中日を交えた三つ巴のデッドヒートの末、最終的に巨人に優勝をさらわれ、チームは３位に終わるという屈辱にまみれることになった。

　この結果は本当にショックだった。私は１９９１年の優勝に立ち会っているが、このときはレギュラーと呼べる立場ではなかった。それがやっと主力になり、チームメイトにもすごいと思える選手が集まっていたのに優勝を逃してしまったのだ。

　私は悔しくて悔しくて仕方なかった。ご存知のように、この後カープは長い長い低迷期に入る。それと同時に私の現役生活も悔しさばかりが続くことになるが、それでも１９９６年の悔しさは別格だった。「どうしてうちは勝てなかったんだろう？」「どうして最後に負けてしまったんだろう？」、そのことばかりを考え続けた。

　自分なりに思うところはあった。

　前述したように点は取れる打線だったのだ。しかし点を取る以上に失点が多かった。頼りになる先発がもうひとりいてくれればと思ったし、中継ぎ陣の層も薄かった。特に夏場以降の勝負所では試合終盤の投手起用を固定できなかった。そのため勝ち切れない試合も多かった。

　思えば、強いチームというのは常に中継ぎから抑えにかけて、しっかりした形を持っているものである。１９９８年に日本一に輝いた際の横浜には〝大魔神〟佐々木主浩《かづひろ》という絶対的な抑え投手が存在した。２００２年のヤクルトでは五十嵐亮太、石井弘寿という２人の快速球投手がセットアッパーを担い、高津臣吾につなぐ形が定着していた。阪神が常に優勝争いをしていた時期の〝ＪＦＫ（ジェフ・ウィリアムス↓藤川球児↓久保田智之）〟、落合博満監督下で中日が優勝したときの〝ＴＡＩ（髙橋聡文↓浅尾拓也↓岩瀬仁紀）〟など、試合終盤の投手陣の構築はチームづくりの定石としてその後どの球団でも最重要テーマになっていく。

１９９６年、メークドラマの屈辱の中で、私は優勝できるチームと優勝できないチームの歴然とした差を感じていた。最強打撃陣を誇りながら優勝できなかったという厳しい現実を、全身で受け止めていた。

投手陣の整備、特に中盤以降の戦力の重要性――しかしそこが足りないからといって、カープはよそのチームから補強することはできない。必要なパーツがあるならば自前で育てて作るしかない、それがカープという球団の宿命なのだった。

心に残る一言

私は三村監督の下で大きく飛躍した選手である。

特に１９９５年からは毎年１００試合以上に出場するようになり、スタメン出場も増えた。３年連続で盗塁王も獲ることができた。チームがＡクラスで首位争いに絡む中、主力として試合に出続けることは大きな喜びであり、私は充実したシーズンを送っていた。

しかしそんなとき、私の野球人生を揺るがす事件が起こった。１９９８年6月12日の阪神戦で大飛球を追ってフェンスに激突し、右足首を捻挫してしまったのだ。私はケガの多い野球人生を送ったが、このときのケガは堪《こた》えた。なぜなら、これを機に私は自分の最大の武器である〝足〟を失うことになってしまったからである。

私は走力を武器に出場機会をつかみ、そこから打力も向上させることでレギュラーに定着した。走攻守の三拍子が揃っているのが私のプレイスタイルだったのに、その根幹となる〝走〟の部分が使えなくなってしまったのだ。

このとき私は不安に襲われ、深く思い悩んだ。現役時代でもっとも苦しかったのがこの時期である。私にとって足を奪われるということは、選手としての武器だけでなく、心の支えを奪われることでもあった。走ることは私の自慢であり、プロとして生きていく上での生命線であり、選手としてのアイデンティティだった。それを失ってしまった私に一体何ができるというのだろう？　超二流が〝超〟を失ってしまえば、それはただの二流ではないか。

そんな迷いの渦中にいる私にとってヒントになったのが、かつて三村監督にかけてもらった言葉だった。

それはケガをする前年の秋季キャンプでのことだった。三村監督は私に、「もう少し打撃フォームを変えてみたらいいんじゃないか」と打撃改造を提案してくれた。

そこから三村監督のマンツーマン指導がはじまった。秋季キャンプでは全体練習が終わった後、個人練習に移る。そのとき三村監督は３００球も４００球も、私に自ら手投げでボールを送って、打撃改造に付き合ってくれた。

私はこのときのことを思い出し、打撃フォームを変えることで選手としての生き残りの道を模索することを決意した。足が使えなくなったのなら、打撃で勝負するしかない。私は三村監督が進言してくれた新たな打撃スタイルの習得に取り組み、それが１９９９年、１３２試合出場36本塁打という形で結実した。私は足のケガを経て、長距離打者という新たなスタイルを手に入れたのである。

そういう意味で三村監督は私の野球人生を救うことになったのだが、ただし、このときの記憶には苦い部分もある。監督が私に付きっきりで指導している姿を見て、やっかみを感じた選手もいたようだ。私は先輩から「オキ、オキ（監督の〝お気に入り〟の略）」と揶揄《やゆ》され、傷ついた。

今ならわかるが、チームづくりを考えたとき、たとえ成績が振るわなくても今この瞬間、この選手を我慢して使わなければいけないというときがある。主力に成長してもらうための大事な時期、勝敗を度外視してその選手に目を掛けるという場面がある。

この時期の私はきっとそこに当たっていたのだと思うが、もちろん私は自分のことに必死で、監督の気持ちなどわかっていない。ただ、このときの苦い経験があることで、自分が監督になったとき、特定の選手を特別扱いするのはどうなのか立ち止まって考えるクセがついた。

三村監督との思い出はいくつもあるが、今でも申し訳ないと思うのが、三村監督1年目のシーズンオフ、「おまえ、来年から背番号9にしろや」と言われたときのことだ。カープの背番号9は三村監督がずっと付けていた番号で、それを譲り受けるということはある意味後継者として認めてもらったことになる。さらに一桁番号への変更は正式にレギュラーの仲間入りを果たすようで嬉しかったが、何を思ったか私は「入団時から付けている37番が気に入ってるんで遠慮しておきます」と返してしまったのだ。

いま思えば、あまりに失礼な態度に卒倒しそうになる。もし逆の立場であれば淋しい気持ちになっていただろう。しかし三村監督は平然と「そうか……」と言っただけだった。その後、私はコーチから「あれはないだろう」と叱られ、翌年再び三村監督が「どうだ？」と言ってくれたこともあって、今度は「ありがとうございます！」と継承させてもらうことになった。

これこそ「親の心、子知らず」ではないが、「監督の心、選手知らず」の典型例である。選手というのは目の前のプレイや自分のキャリアのことで頭が一杯で、監督が何を考えているかなどまったく意識していない。そんな中で、あれほど生意気な態度をとった私に翌年もう一度9番を提示してくれた三村監督の懐の大きさには感謝と尊敬の気持ちしかない。

三村監督と交わした言葉で一番印象に残っているのは、監督退任を発表された後、お礼の言葉

を伝えに行った際、

「おまえ、いい選手になったのぅ」

そう一言かけてくれたことである。

それまで三村監督からは厳しい言葉ばかりで、ほめられたことなど一度もなかった。しかし最後の最後、一言だけ私のことをほめてくれた。

三村監督は２００９年、61歳の若さでお亡くなりになったが、今でもそのときの声が耳元に聴こえてくるようである。

ケガの連続でわかったトレーナーの重要性

最初はプロとしてやっていけるのか、不安しかなかった私の現役生活は最終的に23年続いた。18歳で入団して、引退したのが40歳。当然いい時期もあれば悪い時期もあり、多くのことを経験した。

三村監督退任の翌年の１９９９年にはＦＡ権を取得した。いくつかの球団が獲得に動くという情報があり、その中には子供時代から大ファンだったジャイアンツの名前もあった。私の心は大きく揺れた。

球団側からは「今後のカープを背負っていく存在だと考えているから残ってほしい」と慰留してもらった。家族との話し合いの中でも、広島出身の妻から「地元広島に残ってほしい」と言われ、自分の心を見つめ直した。

最終的に私が下した結論は「ＦＡ宣言はしない。カープ残留」という判断だったが、そう決めた一番の理由はやはりチームに対する恩義である。

縁があってカープに入団して、ここまで来た。私が入団したのがカープというチームでなかったら、こうしてＦＡ権を取得して多くの球団から声をかけてもらえるような選手になどなっていなかったことは間違いない。であるならば、最後までカープ一筋を貫きたい――。

私は２０００年、選手会長に就任した。もう迷いはなかった。心の中にあったのは、このチームで優勝したい、自分を育ててくれたカープで主力として優勝に貢献したいという、それだけだった。

足首の負傷で走力という武器を失った私は、長距離打者という新たなスタイルを身に付けて復活を遂げた。２００２〜２００５年は４年連続で20本以上の本塁打を放ち、打率も３割前後をキープするなど、選手時代の第二の黄金期を迎えた。

しかし相変わらずケガとの戦いは続いていた。２０００年にはヒザのクリーニング手術を行い、２００１年にはホームのクロスプレイで右肘の内側側副靭帯を断裂した。２００４年オフには椎間板ヘルニアの手術を受け、２００５年は開幕直前に肩を打撲。さらにシーズンに入ってデッドボールで左眼窩《がんか》骨折、翌年も死球で左手薬指骨折……満身創痍の身体に、さらに加齢による衰えが加わった。次第に自分を追い込む練習よりも、身体をケアし、リハビリに費やす時間の方が増えていった。

そんな中で気付かされたのがトレーナーという存在の重要性だった。ケガから復帰していく際、選手のサポートをしてくれるのはコーチではなくトレーナーになる。トレーナーは選手の身体のコンディションを把握し、どういうメニューで状態を上げていくか検討する。また、試合に絡めていないことで選手はネガティブな心境に陥りやすいが、そういうときのメンタルのケアも彼らの仕事になる。常に選手の話し相手になり、二人三脚で復活への道筋を歩いていくパートナー――一見地味に見えるかもしれないが、トレーナーというのは選手にもっとも近い、重要なポジションなのである。

私が23年間の長きにわたって現役生活を送ることができたのは、間違いなく彼らトレーナーのおかげである。若い頃は体力もあり、多少のケガは無理が利くので彼らの世話になる機会は少ないが、晩年は本当に助けてもらったし、彼らと話をする中で野球を客観的に見ることができたり、自分の身体のことについても勉強することができた。

選手のコンディションを維持するためのトレーナーの重要性を知ることができたのは、ケガの多い野球人生を送った私にとってまさしく〝ケガの功名〟だったのである。

引退するまでにもう一度優勝したい

現役時代の最終盤は、もはや自分がやりたいプレイスタイルに身体が付いていかなくなっていた。

２００６年にカープはマーティ・ブラウン監督が就任。２００７年の練習中、私は長年の蓄積疲労で〝野球肘〟になっていた右肘で軟骨が砕け、関節ネズミ（関節内遊離体）を除去する内視鏡手術を受けた。そのおかげで夏以降は試合に出られず、33試合出場という結果に終わってしまった。

私は翌年に勝負を賭けようと全力で臨んだものの、２００８年の結果は本塁打が2本、打率も2割を切るという体たらくだった。思うようなスイングができず、出場機会も減り、チームに貢献できないことが苦しかった。

私の頭には〝引退〟の二文字がよぎるようになり、シーズン終了後、鈴木球団本部長にそのことを伝えると、「せっかく新球場ができるんじゃけえ、もう1年やってみい」と言われた。カープは長年ホームとして使用してきた広島市民球場から翌２００９年、ＪＲ広島駅そばに完成したマツダＺｏｏｍ－Ｚｏｏｍスタジアム広島に移転することが決まっていた。

新しい球場でプレイしたいという想いはもちろんあったが、正直なところそれよりも強い原動力は、

「引退するまでにもう一回優勝したい」

という気持ちだった。

23年間の現役生活で、私は１９９１年、山本浩二監督の下で1度だけリーグ優勝を経験した。しかしそれは代走や守備固めという役割がメインで、チームの主力と言える立場ではなかった。本来ならチームの中心選手となった三村監督のときに優勝したかったが、その夢は叶えられなかった。それ以降、チームは10年余りBクラスから脱出できず、優勝争いに絡むことすらできなくなってしまった。

でも、そんな状況が続いていたからこそ、私はもう一度優勝したかった。最後にどうしても優勝して、ユニフォームを脱ぎたかった。

まったくチームの力になれていない悔しさ、自分の思い通りにプレイできない歯がゆさなど、さまざまな葛藤はあったが、それより強くあったのは優勝に対する渇望だった。選手としての末期を前に、私の心には優勝への執念が燃え上がった。

さらにそんな私の気持ちを後押ししたのが、恩師・平野監督の言葉だった。平野監督はこの年

のオフ、地元・鳥栖で開かれた私の激励会で壇上に立つと、
「緒方が現役を辞めるのであれば、私も鳥栖高校を辞めて引退します」
と５００人近い後援会関係者を前に、突然宣言された。

もし私が引退して、監督が辞めてしまったら、「おまえのせいで監督が辞めたじゃないか！」と野球部ＯＢから総攻撃されてしまう……恩師自ら体を張って退路を断つこの荒療治によって、私は改めて気持ちを入れ直し、最後のシーズンに臨むことにした。

前年から私はコーチ兼任という立場になり、少しずつ若い選手にアドバイスを行うようになっていた。ただし、現役を辞めたらコーチをやろうとか、コーチの勉強をしておこうとか、そういうことは一切考えなかった。監督退任を決めたとき、将来のことなど何ひとつ決めていなかったのと同様に、私はただ目の前のプレイに集中し、選手としてやり切ることだけを考えていた。それが私の性格なのだ。

２００９年、結局優勝は果たせなかった。

私は10月10日、引退試合をやってもらった。試合後のセレモニーで話したのは、以下の言葉だった。

「子供の頃の夢はプロの野球選手になることでした。その夢が現実となって、カープに入団して、

23年間大好きな野球を思いっきりやれました。

人に負けたくない、この世界でなんとか成功したい――そういう想いで一生懸命バットを振って、ガムシャラに練習してきました。試合が終わればユニフォームが真っ黒になる、そんな選手であり続けたいと最後の最後まで思っていました。気が付けばそのユニフォームが汚れなくなり、そして走ることも守ることも自分の思うようなプレイができなくなったと感じ、引退を決意しました。

本当にケガの多い野球人生ではありましたが、家族の支え、チームの仲間の支え、そしてなによりファンの支えによってここまでこれた野球人生です。

最後になりますが、カープのユニフォームを着て23年間野球ができたことを誇りに思います。

ありがとうございました」


いま読み返しても、そこに何の虚飾もない。

私の33年間のカープ人生のうち、23年間に及んだ選手時代が幕を閉じた。

第2章

●2010〜2014年
コーチ時代

「この方向性で間違いない」
青天の霹靂で監督就任へ

コーチ時代データ

年度	監督	順位	勝／負／分	勝率	打率	本塁打	防御率
2010	野村謙二郎	5	58／84／2	0.408	0.263	104	4.80
2011	野村謙二郎	5	60／76／8	0.441	0.245	52	3.22
2012	野村謙二郎	4	61／71／12	0.462	0.233	76	2.72
2013	野村謙二郎	3	69／72／3	0.489	0.248	110	3.46
2014	野村謙二郎	3	74／68／2	0.521	0.272	153	3.79

気力漲る野村監督の下で

２０１０年はカープにとっても、私にとっても新しいはじまりの年になった。

それまで４年間務めたブラウン監督が退任し、野村謙二郎新監督が誕生した。そして私は野村監督の下で指導者として新たな道を歩むことになった。この年に言い渡されたのは、野手総合コーチという役割だった。

前章で将来の身の振り方など考えず現役最終年をすごしていたと書いたが、そんな私がどうしてコーチになることになったかというと、球団からオファーをいただいたのである。引退セレモニーを終えた数日後、球団から「コーチをやってくれないか？」という要請があった。

私は23年間の現役生活を終えた後は、一度グラウンドを離れるものだと思っていた。コーチ職という突然のオファーには驚いたが、もう一度カープで優勝したい気持ちは残っていたし、球団に恩返しをしたいという気持ちもあった。選手としては引退したが、優勝への想いはまだ強く持っていたのである。なので私はその場で、

「自分にコーチという仕事が務まるかわからないですが、やらせてください」

と即答した。ユニフォームを脱いだ２週間後、私はすぐにまたユニフォームを着ることになった。

新体制となったチームでは、とにかく野村監督が燃えていた。熱く燃え、現状に憤り、全身に気力が漲《みなぎ》っていた。

それまでチームは12年連続Bクラスというひどい成績を続けていた。野村監督は選手全員を集めると、いきなり、

「われわれは来シーズン優勝する！　選手ひとりひとりが『優勝する』という言葉を口に出して言ってくれ」

と宣言した。それは負けることに慣れてしまったチームに喝を入れ、よみがえらせようとするショック療法だった。野村監督の下、新生カープはまずは意識改革からスタートした。

意識だけでなく練習スタイルも大きく変わった。野村監督になって練習メニューは一気に厳しくなった。ここ何年か鳴りを潜めていたカープ伝統の猛練習が復活した。それは私が入団３年目に体験した、山本浩二監督初年度を思い出すほどの厳しさだった。

野村さんは選手を鍛え直し、レベルアップさせることしか勝つための方策はないと信じていた。他球団から選手を獲得できず、与えられた戦力で戦わなければならないのがカープの宿命なら、現有戦力を徹底的に鍛え上げ、チームを底上げするしかない――野村さんはその想いを胸に猛烈な練習を開始した。その覚悟が生半可なものではないことは、そばにいてヒシヒシ伝わってきた。

私も野村さんの考えに同感だった。現役最後の年、優勝したい一心でプレイしたものの結果は

5位。優勝争いに絡むことすらできなかった。だから今度は指導者として優勝したい、それが私にとっての唯一のモチベーションだった。

低迷するチームを飛躍させるには何かを変えなければならない。これまでと同じことをやっていたのではダメだということは、ここ十数年の成績が何よりも雄弁に物語っていた。

優勝するために、徹底的に鍛え直す。もう一度、カープ伝統の猛練習を復活させる——言うまでもなく、私と野村監督は同じカープの猛練習によって育てられた世代である。現役時代から長く一緒にプレイしてきたため、お互いの性格も考え方もよくわかっている。目指す野球観も近かった。野村監督もまた足を使い、緻密でミスの少ないトータルベースボールを志向していた。

厳しさを前面に押し出して戦う野村野球がスタートした。監督が〝猛烈〟にいくのなら、当然コーチも〝猛烈〟で臨まなければならない。私はコーチの何たるかなどまったくわかっていなかったが、ガムシャラに邁進《まいしん》するしかなかった。

休むヒマもコーチ術について学ぶ時間もなく、怒濤《どとう》に呑まれるように私のコーチ人生がはじまった。

選手時代の方がラクだった

コーチ1年目はきつかった。一日一日があっという間にすぎていった。

コーチという新たな仕事にとにかく私は燃えていた。「教えられるものは何でも教えてやろう」「選手の力を伸ばしてやろう」「チームを強くしてやろう」――そんな気持ちでいっぱいだった。

私は野手総合コーチということで、いきなり全体を見ることになった。外野の守備を見て、走塁を見て、打撃指導をした。これまでの自分の経験を元に、選手に対しああだこうだと積極的に助言した。

しかし、指導が伝わっている手応えがなかなか感じられないのだ。私は選手時代の最後の頃から選手兼コーチとして若い選手と会話していたが、手取り足取り指導してもこちらの考えが相手に伝わっているように思えない。いくら親身になって話しても、選手のプレイが上達したり打撃が変化することはほぼ、なかった。

これは人の話をきちんと聞かない選手たちが悪いのだろうか？……いや、違う。悪いのは私の方だった。私は物事の伝え方というものをわかっていなかった。私は何かを伝える際、すべて自分の感覚で表現していた。現役時代そのままの気持ちで、「もっとこうやれば打てるだろ？」「もっとこうすれば守れるだろ？」と自分の感覚を押し付けていた。

しかし当たり前だが、選手は私と同じではない。それぞれ違う感覚を持っていて、違う性格で、野球に対する取り組み方も考え方もみんな異なっている。本来、コーチはそれぞれに適した指導法や引き出しを持っていなければならないのだ。そのためには選手が何を考え、何に悩んでいるか知っていなければならない。こちらが話すのではなく、逆に選手に話させて、選手の頭の中を把握していなければならない。

つまり私は自分から一方的に〝発信〟するばかりで、選手の状況を察知する〝受信〟ができていなかったのである。それを受け止めた上で、選手に声をかけるにしても、選手個々の性格に合わせた方法を選ばなければならない――まず、そこに行き着くまでに時間がかかった。

それほどコーチ1年目の私は、現役選手そのものだった。自分から選手に合わせにいくことを知らず、タイプの違う選手にアプローチする術《すべ》を持たず、「なんでこう言ってるのにできないのかな！」とひとり勝手に苛立《いらだ》っていた。

特に私たちが現役だった時代は「身体で覚えろ」が基本であり、有無を言わさず量をこなす指導法が中心だった。私自身もその方法で選手に指導していた。しかし今のコーチングの根本はコミュニケーションであり、それは不器用な私にとってもっとも苦手とする難問だった。

その時期のことでよく憶えているのが、トレーナーが口にした言葉である。現役時代から私の身体を見てくれていた松原慶直（現カープ一軍チーフトレーナー）が、ある日私にこう言った。

「もうアスリートじゃないんですから。指導者になるんですから、考え方を切り替えなきゃダメですよ」

松原は「これからは同じように選手を支える立場になるんですよ」という意味で言ったのだと思うが、私はその言葉にハッとさせられた。自分はもうアスリートではなく指導者なのだ——そんな大元の切り替えができていなかったのである。

私はそこからコーチングについて懸命に勉強をはじめた。指導という行為は奥が深く、私は経験、言葉、考え方の幅、練習法のバリエーション、コミュニケーションの取り方……など、すべての面で自分が未熟であることを思い知らされた。

また、コーチが学ばなければならないのは指導法だけではなかった。私は野手総合コーチ兼一塁ベースコーチとして、一塁コーチの役割も知らなければならなかった。さらに極端に言えば、野球のルールについてもイチから学び直さなければならなかった。

たとえばピッチャープレートとホームベースの距離はどれだけか、塁間の距離は何メートルか、ボールがライン上に落ちた場合、どこまでがフェアでどこからがファウルか……選手というのは、案外ルールについては正確に把握していないものである。ルールを厳密に覚えるくらいならバットを振るというのが選手という生き物の習性である。

だが指導者はそれではいけない。きちんとルールを理解しておかないと、選手に説明ができない。年に1度あるかないかのプレイにも対応できるよう、すべてを頭に叩き込んでおかなければならない。毎年の微妙なルール改正にも対処しなければならない。

私にとってコーチという仕事は、とにかく勉強の連続だった。覚えることが多い上に、ひとつ覚えたら次、それを覚えたらまた次……と学ぶべきことは際限なくやってきた。

ちなみに私はコーチ時代の5年間、初年度の野手総合コーチ（一塁ベースコーチ）を筆頭に、2～3年目は守備走塁コーチ（三塁ベースコーチ）、4年目は打撃コーチ、5年目は野手総合ベンチコーチ（監督采配を横で見るヘッドコーチ）とすべてのポジションを経験させてもらった。そのたびに勉強する項目は追加され、勉強をやめることはできなかった。いま振り返ってもコーチ時代は勉強につぐ勉強で、勉強ばかりしていた気がする。

同じ野球というスポーツでも、選手とコーチではこんなにやることが違うのか……それはコーチになって私が思った素直な感想である。

教えはすべて私の中にあった

これまで何度も「カープは選手を自前で育てなければならない」「育成するのがカープの宿命」ということを書いてきた。しかしそれは選手だけでなく、コーチに関しても同じである。

カープという球団は、よく〝純血主義〟と言われる。基本的に監督やコーチは元・選手であり、まったく縁のない人が指導者として入ってくることは少ない。他球団であれば純粋に指導技術が認められて招聘《しょうへい》されることが普通だが、カープについては生え抜きの人間（少なくとも在籍経験のある人物）が指導者に回るということがほとんどだ。

これが何を意味するかというと、カープは選手のみならずコーチもまた育成しているということである。豊富な経験を持つ指導者をよそから呼ぶのではなく、コーチに関しても適性を見極め、イチから鍛え上げ、一人前に育てていく。

それゆえ他球団では監督が変わるたびにコーチ陣も一新ということがよくあるが、カープでは起こらない。いくら監督が変わろうと、大局的な視点の中、指導者の育成は指導者の育成で黙々と進められていくのがカープなのだ。

もちろんこの純血主義には良い点悪い点の両方が存在する。ただ、かつての選手が指導者に回ることで、チームの歴史や伝統といったものが継承されていくという側面はある。自分が受けてきた指導を若い選手に伝えていく、自分がもらったものを若い世代に返していく――そうした作業の繰り返しの中で、広島カープというスピリット、カープ野球の魂というものはこれまで脈々と受け継がれてきた。

選手からすぐコーチになり、右も左もわからず、まるで入団当時の頃のようにガムシャラに勉強するしかなかった私は、気持ちが落ち着いてくるにしたがって、ひとつの結論に辿り着いた。選手の指導というのは、かつて自分が指導してもらったようにやればいいのではないだろうか？

自分がどう選手に指導していいか迷ったとき、私は過去の自分を思い出すようになった。これまで自分はどういう指導をしてもらってきたか？　どういうふうにしてもらったときに発見があり、どういう助言が役に立ったか？　あのときコーチは何を言い、どんなふうに接してくれたのか……？

平野監督、内田コーチ、一義コーチ、三村監督……これまで私を指導してくれた方々のイメージがよみがえった。彼らはみな情熱を持って、根気強く私に付き合ってくれた。そのとき私は初めて教える側の立場に立って、私がしてもらった指導内容を見つめ直した。

そうか、指導者というのは、こういう仕事なんだ……。

私は指導者という立場になったことで、コーチングに必要な知識や技術を新たに学ばなければいけないとばかり思い込んでいた。だが、もちろん学習は必要だが、それはこれまでまったく縁のなかった未知のものを学ぶわけではない。

現役時代、コーチが私にしてくれたこと、それを私は身体で覚えているはずだった。私はそれを思い出し、自分なりに咀嚼《そしゃく》して、同じように若い選手にやってあげればいいのだ。私はただ自分がしてもらったことを、そのまま次の世代に返せばいいのだ。
答えはすべて、私の肚《はら》の中にあったのである。

それがひとつのきっかけになった。私はかつて自分が受けた指導を思い出し、「あのコーチにはこういうことを言われたな」と思えば、その言葉を選手にかけ、反応が薄ければまた別のコーチの言葉、また別の言葉……というふうにトライした。いろんな方の指導法を思い出し、それを試してみることは結果的に私の指導の幅を広げることになった。

やってみて思ったことだが、コーチというのはただ「選手を一人前にしてやりたい」、その気持ちだけである。もちろん選手は何十人もいるので全員を均等に見ることはできない。それでも「何とかしてやりたい」「持っている才能を開花させてやりたい」、この情熱がすべてのエネルギーの源になる。特にカープの選手は真面目な性格の子ばかりなので、ひとりでも多く一軍で活躍してほしい、この世界で成功してほしいと思ってしまう。

だから２０１０年、梵英心が盗塁王を獲ってくれたのは嬉しかった。２０１３年、丸佳浩が盗塁王を獲ったのも本当に嬉しかった。

私が１９９７年に獲って以来、13年の間、カープは盗塁王を輩出していなかったが、再びタイトルを取り戻すことができた。そのとき私は自分が訓練を受けた、あの特走隊の恩返しをやっとできたような気がした。

ＣＳ初出場で得た確信

　コーチ時代は現役以上に苦しかったが、それは指導について多くのことを学ばなければならないことに加え、チームの成績が一向に上がらないことも大きかった。

　野村監督が就任して以降、５位、５位、４位……と少しずつ力が付いている手応えはあったが、それでも勝てない。Ｂクラスから抜け出せない。勝てないとチームの空気も悪くなる。一体どうしたらいいんだろう……首脳陣の間でいま取り組んでいるやり方への信念が揺らぎはじめる。

　チーム成績も振るわなかったが、選手個人も伸び悩んでいた。どうしても殻を破れない。指導者として殻を破らせてやることができない。俺の指導法が間違っているのか……私はチーム状況と選手の状況、ダブルパンチでドン底に沈んでいた。

　だが、沈んでいたのは私だけではなかった。もっと苦しんでいる人がいた。

「もう、どうしたらいいかわからんわ……」

　スタッフミーティングで野村監督は、そう漏らした。それは泣き言ではなかったが、心の底からのため息に聞こえた。チームを変革するため、道場破りのような勢いでぶつかってきた野村監督は、チーム不振の責任を一身に背負い込んでいた。思うようにいかない現実に打ちのめされ、途方に暮れていた。

特に野村監督は、性格柄すべてを自分でやろうとした方だった。バイタリティにあふれ、完璧主義で、細かな点まで気になってしまう。だからすべての事柄を自分でコントロールしようとする。選手も直接指導しようとする。特に1年目は、その傾向が強かった。

しかし現場では、それが混乱を招いたところもあった。

コーチは選手を育てることも大事だが、それより大事なのは監督が目指す野球をやる上で力になることである。だからコーチは監督の頭の中を常に理解しておかなければならない。文字通り監督の〝右腕〟や〝手足〟になれるよう、いつでも考えをすり合わせ、話す言葉にズレがあってはいけない。

とはいうものの、いくら完璧を目指したところで、それが１００％一致するというのは難しい。しかも1年目であれば、なおさらのことだ。

野村監督の1年目は、不慣れな私が指導した後、監督が改めて自分の言葉で指導するという場面が何度かあった。コーチから指導を受けた後に監督から別の指導を受けると、選手はどちらの言うことを聞けばいいか戸惑い、そして間違いなく監督の言葉に従う。もちろん監督も熱意があるから指導するのだが、選手はコーチと監督、２方向から異なるアドバイスを受けることになり、混乱してしまうのである。

野村監督はそのあたりのことを反省し、２年目から選手指導はコーチに任せ、自身は口を挟まなくなった。コーチを信頼して、任せるところは任せる。選手に迷いを生じさせないよう、指導を一本化する。もし言いたいことがあるのなら、直接話さずコーチを通して伝えてもらう。それは私が監督になったときも意識して守るようにしたことである。

チームの空気が変わりはじめたのは、野村政権４年目の２０１３年である。

この年、風が吹いた。これまで積み上げてきたものに火が点き、燃え広がり、炎は少しずつ大きくなった。

優勝にこそ手が届かなかったものの、リーグ３位となり、カープ球団として初めてクライマックスシリーズ（ＣＳ）に出場した。Ａクラスに入るのは16年ぶりのことである。そしてＣＳファーストステージの阪神戦に勝利し、ファイナルステージに駒を進めた。

この年から「カープ女子」という言葉が流行りはじめた。それは翌年、流行語大賞でトップテン入りするほどの社会現象になった。ビジターの球場にも大挙してファンが押し寄せてくる。そしてなにより、忘れられないＣＳ阪神戦の初戦、赤く染まった甲子園の三塁側からレフトスタンドにかけての光景——いつも黄色い壁としてわれわれを威圧してきたあの甲子園球場の半分が真っ赤に染まっていた。

ファンの熱気と興奮がこちらにも伝わってきた。それは選手の背中を押し、次なるレベルへと押し上げた。

「これでいいんだ」

そのとき初めて確信が持てた。

この３年間、ずっと暗闇の中を走っているような状態だった。信念はあるが確証がない。誰もが必死にやっているが、それが正しい方向に進んでいるかわからず、常に不安だった。

それが結果となって実を結びはじめたことで、疑う心が消えていった。選手もコーチもスタッフも、今のやり方に自信を持って、それを力強く推し進めるようになった。それがさらにいい結果を生み、自信を深め、よりいっそう練習に力が入っていくという好循環――。

「この指導法、この鍛え方、この戦術で間違っていない」

やっとつかんだ上昇気流。長い長い低迷から、カープはやっと抜け出そうとしていた。

「今のこの流れは絶対に変えちゃいけない。ましてや元に戻っちゃいけない！」

恩師との突然の別れ

２０１３年のＣＳ、結局カープはファイナルステージでジャイアンツに敗れた。阪神に連勝して東京ドームに乗り込んだものの、破竹の勢いは巨人に通用せず、一矢を報いることもなく３連敗で散ってしまった。

もちろんそこには悔しさもあったが、しかしそれ以上に光があった。この方向で進んでいけばチームはもっと強くなる。この方法でいけば来年は必ず勝てる。優勝できる。チームの誰もがそんな希望を抱いていた。

来年こそ、勝負の年だ――。

そんな光の見えたシーズン終了から2ヶ月後の深夜、私の携帯電話が鳴った。

12月25日。その日は私の誕生日だった。45歳の誕生日。12時をすぎて日付が変わった瞬間、たくさんのお祝いメールが届いた。私はそのひとつひとつにお礼を返しながら、クリスマスということもあって夜更かしをしていた。

そんなときに電話が鳴った。その瞬間イヤな予感がした。時計の針は2時を指していた。

親しい人からの連絡で、平野監督が急死したということだった。

私はすぐに車を飛ばし、鳥栖に向かった。脳卒中だった。11月に日南キャンプの帰りに寄って一緒にゴルフをして、その10日後にも野球教室の「ベースボールクリニック」でお会いしたばかりなのに……あと2～3日すれば年の瀬の食事をご一緒する予定だったのに……。別れはあまりに突然だった。

「俺の誕生日に死ぬか？　俺の誕生日に……」

早朝、鳥栖に着くまでそんな言葉が頭の中を回り続けた。カープもやっと強くなってきたところなのに……やっとこれから晴れやかな姿を見せられるというのに……まだ、何ひとつ恩返しできていないのに……。

監督の死は私の心に大きな空洞をあけた。

監督は私にとって、何十年も子供たちを育ててきた指導者としての先輩であった。高校野球とプロ野球という違いはあるにせよ、やっと同じ指導者という立場に就いた私は、まだまだ監督に聞きたいことがあったし、むしろ以前にも増して学びたいことばかりだった。今後は〝指導者同士〟としていっそう深い話ができるとばかり思っていた。

私は全身から力が抜け、しばらくの間、そこから何もできなくなった。

それは私の人生の中でひときわつらい別れであった。

CS前に退任宣言

野村監督最後の年となる5年目の２０１４年、私は一軍野手総合ベンチコーチの役割を拝命した。同時にヘッドコーチもやることになった。

ヘッドコーチというのは監督と同じ目線を共有するのが仕事である。試合中は監督の横に座り、監督が「ここ、行くぞ」と言えばすぐさまそれをコーチに伝える。ピッチャー交代にしろ攻撃のサインにしろ、監督の思っていることを瞬時に察知し、チーム全体に浸透させる。逆に監督に「ここ、どう思う？」と聞かれることもある。そのときは「私はこう思います」と即答する。私はこれまで一塁コーチスボックスや三塁コーチスボックスなど、さまざまな場所から野球を見させてもらったが、監督の横というポジションはまた新鮮なものがあった。そこでは視野を広く持ち、先を予測しながら采配を振る監督の仕事がダイレクトに感じられた。

しかしそうした場所に置かれても、私は自分自身が将来監督をやることなどまったく考えていなかった。自分がカープの監督を務めるということについて、現役時代はもちろん、コーチになってからもこれっぽっちも想像したことがなかった。

そもそも私が監督になったとき、素直に納得した人がどれだけいただろう？　野村監督の場合は実績、キャプテンシーからして監督就任は妥当であり、既定路線だった。私は長老ＯＢから「おまえが監督なんか」「おまえ、大丈夫か？」という言葉をかけられた。それも１人ではない。先輩方にとって私が監督をやるというのは〝意外な展開〟だったのだ。

その証拠となるエピソードがある。

前年の勢いを駆って必勝の覚悟で臨んだ２０１４年シーズンだったが、結局優勝には手が届かず３位で終わってしまった。しかもＣＳファーストステージで再び相まみえた阪神には、去年のお返しとばかりに敗れてしまった。

そんなシーズンの幕引き前、優勝の可能性が完全に消えたレギュラーシーズン最終盤の9月26日、甲子園球場の阪神戦が終了した後のことだ。宿舎に帰ったとき、野村監督から「すぐ部屋に来てくれ」と言われた。私は飯も食わず、ユニフォームのまま部屋に行った。すると野村監督はおもむろに、

「わし、今年でユニフォームを脱ぐけえ」

と言われた。それに対し、私の口を突いて出たのが、

「なんで辞めるんですか!?　来年こそは優勝できますよ！」

という言葉だった。

確かにこの年、優勝には手が届かなかったが、チームはAクラス入りを確定させ、2年連続CS出場を決めていた。前田健太が球界を代表するエースに育ち、次期エースとして大瀬良大地も入ってきた（大瀬良はこの年、新人王を獲得する）。菊池涼介、丸佳浩の〝キクマル・コンビ〟も初めてシーズン通して活躍し、主力選手としての一歩を踏み出した。

苦労して蒔《ま》いた種がやっと芽を出しはじめたところなのにどうして？　どうしてこんな時期に辞めるんですか？　もったいないですよ！……。

次に監督になろうとしている男だったら、そんなセリフを口にすることはないだろう。部屋で私はただ、

「来年こそ優勝できるのに、なんで辞めるんですか！」
と繰り返していたように記憶している。

いま振り返ると、野村監督が抱えていた苦しさやキツさは横にいて十分に感じられた。ただ、まだシーズンは終わっていなかった。直後にＣＳを控えていたし、今年こそ阪神を倒し、巨人を倒して日本シリーズに行くんだ、という想いはチーム全体に漲っていた。

私は再びＣＳを勝ち上がるため、ただ目の前の戦いに集中することになった。

〝最後の仕事〟を受諾

では、私は一体どういう経緯でカープの監督をやることになったのか？

あれはＣＳに入る直前だったか、チームはマツダＺｏｏｍ‐Ｚｏｏｍスタジアムで練習を行っていた。私が廊下を歩いていると向こうから鈴木清明球団本部長が歩いてきた。

鈴木球団本部長は私が入団３年目、アメリカ教育リーグに修業に行った際、選手たちの面倒見役として同行した人物である。そのとき半年かけてアメリカ全土を渡り歩き、同じ釜の飯を食べたこともあり、入団当初から長きにわたりお世話になった方だった。

鈴木本部長は廊下でのすれ違いざま、突然思い出したように声をかけてきた。

「おい、おまえ、監督やる気あるか？」

それは「おまえ、昼メシ食ったか？」とでもいうような軽い調子の言葉だった。

私は反射的に、

「いやぁ、無理でしょう」

と答えていたが、それは本当にすれ違いざまの会話であり、それ以上深く話すことなく鈴木本部長は去ってしまった。

私は何かの冗談だろうと思い、再び練習に戻ろうとしたが、そのとき初めて頭の中に「もしかして……」という想いはひらめいた。

そして阪神に勝つことができずＣＳ敗退、シーズン終了が決まった10月12日の翌日、鈴木本部長から電話がかかってきた。14日に会うことになった。

私はその会談の席で正式に監督の要請を受けたのだが、当初私が抱いていた希望は「野村監督が築き上げた今の方向性を継承してくれる人に新監督になってほしい」というものだった。私はコーチとして現場に関わる中で、今の方向性に強い手応えを感じていた。この方向性を続けていけばチームはもっと強くなるし、必ず優勝できると思っていた。そこで「俺がやってやる！」とは思わなかったが、その部分に対する確信は誰よりも強かった。

会談の席で鈴木本部長が語ったことも同じだった。鈴木本部長が言ったのは「野村監督の下でチームは力を付け、結果も出ている。今の方向性に間違いはない。監督のそばで一緒にやってきた緒方ならその方向性を引き継いでくれると信じている」という言葉だった。

であるならば、私が断る理由はない。

もちろんそこに迷いがなかったかと言えば、迷いはあった。ものすごく大きな不安があった。

当たり前だが、私はこれまで監督というものをやったことがない。おまけに自分が監督をやることなど考えたこともなかったので、自分に監督が務まるかどうかもわからない。

だが、それにも増して私にはチームの未来に対する期待と責任があった。今のやり方を続けていけば絶対優勝できる。その光景を見てみたいという気持ち。「カープで優勝したい」という強い想い。自分が野村監督と同じようにできるとは思わないが、それでもここはやらなければならないのではないか……。

もしも私が断って、これまで築き上げた流れを別の誰かが壊してしまったら、二十数年ぶりの優勝のチャンスを逃すことになる。そうなったら私は悔やんでも悔やみきれない。

それに身をもって味わった三村政権下でのメークドラマ。チームの旬というのは本当に短い。あのときも優勝できるメンバーが揃っていたにもかかわらず、最終的には一度も優勝できなかった。優勝できるときを逃すと、優勝なんてできないのだ。であるならば、せっかく球団が長年かけて作り上げたこの流れを手放してしまうことだけは絶対に避けなければならない。チームのバトンは誰かが受け取らなければならない。

いくら不安があったとしても、決断を下した限りはやるしかなかった。

翌15日、記者会見が開かれ、私の監督就任が発表された。その会見を私は以下のような言葉ではじめた。

「この度、広島カープの監督に就任することとなりました緒方です。カープ一筋28年、これが自分にとって最後の大きな仕事だと思い、信念を持って誠心誠意、この監督業を全うしていきたいと思います――」

その言葉通り、私にとってカープの監督を引き受けることは、自分のカープ人生の集大成だった。私を突き動かしていたのは、球団に対する恩返し、そしてファンに対する恩返し――その2つだけだった。

「――昨年、今年と3位という結果で、特に今年の3位は本当にファンのみなさんも悔しかったと思います。それは僕らも一緒です。この悔しさを元に来シーズン、リーグ優勝、日本一という目標に向かっていくだけです。来シーズン期待してください！ よろしくお願いします！」

紺地に白で〝H〟のマークが染め抜かれた球団旗の前で、私は鈴木球団本部長と握手を交わした。そんな私たちをまばゆいフラッシュが一斉に照らし出した。

それが私のカープでの〝最後の大きな仕事〟となる監督業のはじまりだった。

第3章

「勝つ、何がなんでも勝つ！」という気持ちの空回り

●2015年

2015年データ◯セントラル・リーグ最終成績

順位	球団	勝／負／分	勝率	差
優勝	東京ヤクルトスワローズ	76／65／2	0.539	—
2 位	読売ジャイアンツ	75／67／1	0.528	1.5
3 位	阪神タイガース	70／71／2	0.496	6.0
4 位	広島東洋カープ	69／71／3	0.493	6.5
5 位	中日ドラゴンズ	62／77／4	0.446	13.0
6 位	横浜DeNAベイスターズ	62／80／1	0.437	14.5

新井と黒田の復帰

監督就任記者会見で目指す野球を聞かれたとき、私は「投手を中心とした守り勝つ野球」を挙げた。私はとにかく投手力、ディフェンス面の重要性を強く認識していた。

現役時代、もっとも苦い思い出として刻まれている三村政権下のメークドラマ。カープはビッグレッドマシンと呼ばれる強力打線を擁していたにもかかわらず、優勝を勝ち取ることはできなかった。他チームにおいても、たとえば長嶋監督率いる読売巨人軍は２００１年、仁志敏久、高橋由伸、松井秀喜、清原和博、江藤智、清水隆行ら強打者をズラリと並べ、１試合平均５点弱という得点力を誇った。しかし最終的にはヤクルトに競り負けてしまった。

古くからのカープファンであれば、１９７０年代中盤から80年代にかけての古葉竹識監督下の黄金時代を思い出してみればいい。あの時期のカープは「投手王国」と呼ばれ、北別府学、大野豊、山根和夫、川口和久、津田恒実といった盤石の投手陣を構築した。古葉監督が指揮を執った10年強でカープはリーグ優勝４回、日本一３回を果たし、その大半をＡクラスで戦うという安定した成績を残したが、それは投手陣を中心としたディフェンス面の充実があってこそだった。

目指すべき野球の方向性は見えていた。あとはそれを実現するだけ――カープに入団したときもＦＡ権を獲得したときもそうだが、私は答えを出すまではさんざん迷うが、一度決めたら肚をくくってきた。

　このときも同じだった。監督就任は青天の霹靂《へきれき》だったが、一度決めたら迷わない。私はいかにしてチームを優勝に導くか、そのことだけに没入するようになった。

　悲願の優勝を実現するため球団もバックアップしてくれた。この年のオフ、次々と戦う戦力が集まってきた。

　11月14日に新井貴浩、年の瀬が迫った12月27日に黒田博樹、２人のベテランのカープ復帰が相次いで発表された。

　新井の復帰はファンの間に波紋を呼んだ。これまでカープから国内球団にＦＡ移籍した選手がチームに再加入するというケースは一度もなかった。新井は阪神を自由契約になり、所属先を探している状態だった。一度チームを捨てた人間が戻ってくる、しかも戦力外のような格好で……広島の街のあちこちで賛否両論さまざまな意見が湧き起こったようだった。

　そして黒田である。名門ニューヨーク・ヤンキースでローテーションの一角を任されていたメジャーリーガーが日本のプロ野球界に戻ってくるというニュースは、全国にセンセーションを巻き起こした。しかも自分を育ててくれた古巣への復帰。新聞や雑誌には〝男気〟という言葉があふれ、世間のカープ熱は沸騰した。

　２人の復帰に関して、私は事前に鈴木球団本部長から聞いていた。新井については阪神を自由契約になった際、松田元オーナーが「戻したい」と言っているという話を聞かされた。黒田に関しては、アメリカに渡って以降も定期的に連絡をとっていることを知っていたし、「カープに帰ってくる可能性が高いから期待しておいてくれ」という報告ももらっていた。

監督目線で見れば、２人の復帰は嬉しいばかりだった。２人の復帰はまず単純に戦力としてプラスだった。しかしそれ以上にチームに与える波及効果を考えると、計り知れないものがあった。

この時期のカープは若いチームだった。菊池や丸を筆頭に選手個々は力を付けてきたが、彼らもまだ中心選手と呼べるような存在感はなく、落ち着きも経験も不足していた。そんな投手陣、野手陣、それぞれに百戦錬磨のベテランが加わるのだ。２人は若手選手の見本になることはもちろん、チームにとっての精神的な拠り所になってくれることも期待された。

私にとって２人の復帰は、チーム24年ぶりの優勝に向けて、足りなかった最後のピースがポンッとはまったような感覚だった。くしくも２００７年、同じ年にカープを離れた２人が同じ年にカープに帰還するという巡り合わせ。もちろん２人が辿った道も戻ってきた理由も異なるが、それでもチームの暗黒時代を一緒に戦った仲間が再び集うのは私にとって心強い限りだった。

私は２人の実力についてはまったく心配していなかった。「頼むぞ」と普通に声をかけただけで、特別気を遣うつもりもなかった。唯一気にしたのは、黒田の場合は環境を整えてやることである。復帰が決まって以降、周囲は大変な騒ぎになっていたので、野球に集中できるよう外野の雑音を遮断することを心掛けた。

新井に関しても、力が落ちているとは思わなかった。環境が変わればやってくれる、使いどころを考えればまだまだ活躍できると思っていた。あとはファンがどう反応するのか未知数だった。ファンが彼を受け入れてくれるのか、もしくは反発する人が出るのかという心配はあった。それについては加入段階では、まだわからなかった。

優勝候補の筆頭に

黒田と新井、2人の加入はチームにとって大きな戦力となったが、それにも増してカープを取り巻く空気を劇的に塗り替えた。

驚いたのはシーズン前、テレビ番組やスポーツ雑誌の順位予想でカープが優勝候補になったことである。これまで23年間、リーグ優勝をしていないにもかかわらず、大半の野球評論家が優勝予想の欄にカープの名前を挙げているのだ。

確かに戦力を分析すれば、この年にカープが優勝するかもしれない理由はいくつもあった。

投手陣には前田健太がいて、前年新人王を獲った大瀬良がいて、そこに黒田が加わった。これで現エースと将来のエース候補、そしてかつてのエースの3枚が揃い踏みとなった。野手に関しては、ヤングカープを代表する〝キク・マル〟2人の成長に、経験豊富な新井が加わった。

さらにこの5年間の成績を見ても、

・2010年　5位（58勝84敗2分け）
・2011年　5位（60勝76敗8分け）
・2012年　4位（61勝71敗12分け）
・2013年　3位（69勝72敗3分け）
・2014年　3位（74勝68敗2分け）

と、チームはずっと右肩上がりで来ていた。着実に力を付けてきたチームとしての総合力に2人の実力者の加入、そして何よりもチームを取り巻く圧倒的な勢い。評論家は「今年こそカープが来る」「今年はカープで間違いない」と口々にはやしたて、長年悔しい想いをしてきたファンたちも「今年こそは！」と色めき立った。日本のエースに成長したマエケンの存在と黒田の復帰が重なったことを受け、「今年優勝しないでいつするんだ」という切迫した雰囲気すらそこにはあった。

そうした今まで見たことのないファンの期待や盛り上がりを、当然私も感じていた。

私が周囲のカープに対する熱狂を目の当たりにしたのは、春季キャンプのときである。これまで日南にしろ沖縄にしろ、キャンプは土日は多少ファンが観に来たとしても、平日は閑散としているのが普通だった。

しかし、キャンプは初日から超満員となった。ジャイアンツやソフトバンクといった人気チームをよそに、土日や祝日は過去最高となる1万５０００近くの人々が押し寄せた。これまでにない現象にキャンプ地の日南は大パニックになり、それをさらにメディアが煽《あお》った。カープ女子はさらに増えて黄色い声援を送り、２週間後の沖縄キャンプで黒田が合流すると、黒田目当ての男性ファンも大勢駆け付けた。報道陣の数も尋常ではなかった。このときカープは完全に社会現象になっていた。

この時期のことでよく憶えているのが、沖縄で巨人と戦った対外試合での出来事である。私は原辰徳監督に「今年からよろしくお願いします」と挨拶した後、世間話の流れで、

「キャンプ、もうここまででかなり疲れましたわ……」

と漏らすと、原監督からいつものあの調子で、

「何言ってるの、本番は今からだよ！」

とハッパをかけられてしまった。

このとき原監督は監督として12年目、前年まで３連覇を果たすという偉業の最中だった。そん

な酸いも甘いも嚙《か》み分けた名将にとって、シーズン前にクタクタになっている私の姿は滑稽《こっけい》に映ったことだろう。

かつてない狂騒と期待感の中、２０１５年シーズンのプレイボールの声がかかった。

「勝つ。絶対に勝つ。何が何でも勝つ」

監督に就任して、私は選手に何を伝えたのか？

ここに２０１５年のときに使用していた私の手帳がある。その冒頭に私はこんな言葉を書いている。

「勝つ。絶対に勝つ。何が何でも勝つ」

そして一言、

「優勝」

これが２０１５年シーズンに臨むにあたっての私の想いのすべてだった。だから大事な年の手帳の最初の最初にその言葉を記したのだ。

最初の全体ミーティングでも、私は第一声で選手にそのことを伝えた。

「今年こそは優勝する。勝つ。何が何でも勝つ」

初回ということもあって私は大上段に構え、思いのたけをブチ上げた。

「何も戸惑うことはない。君たちは今までやってきたことをそのまま継続してやってくれればい い。その上で、何が何でも勝つという気持ちだけは忘れないでくれ！」

そう一息に畳みかけた。

それは私の所信表明だった。普通、監督が変わることで選手の間には動揺が走る。これからどんな野球をやることになるのか、自分たちはこれからどうなるのか。私は最初のミーティングで、選手たちの不安を消し去りたいと思った。それゆえ、「方向性はこれまでと何も変わらないから安心してくれ」という意思を伝え、その上で勝利に対する気持ちの持ち方を強く訴えた。

しかし、結果から言えばそれは大失敗に終わった。

振り返れば監督1年目の２０１５年、私は失敗ばかりすることになるが、最初の挨拶で叩きつけた「勝つ。何が何でも勝つ」というメッセージは私の失敗の本質をもっとも象徴的に表していた。

なぜ、このメッセージが失敗に終わったのか？

それは、この言葉がこれから取り組む野球について何も具体的に語っていないからである。私としては「これまでと変わらない」というメッセージを発したつもりだった。しかし私自身は同じだと思っても、やる人間が変われば中身は変わる。選手起用にしても投手交代にしても作戦の出し方にしても、当然異なる。

私は野球の方向性については変えようと思っていなかったが、かといって野村監督とまるっきり同じことをやろうとも思っていなかった。それが選手に混乱をもたらした。監督は「何ひとつ変わらない」と言っているのに、実際の現場ではさまざまな部分が変わっているのだから当たり前である。

これは単なる誤解とか言葉足らずとかそういう問題ではない。私が犯した最初の間違いは、自分の感覚のまま、自分の考えをそのまま伝えてしまったことにあった。「絶対勝つ」「何も変えない」という発言は、厳密に言えば「〝私は〟絶対勝ちたいと思っている」「〝私は〟何も変えようとは思っていない」という〝私〟視点の発言でしかない。それが選手にどう聞こえるかという発想が決定的に欠けている。だから私からすれば「何も変えていない」つもりでも、彼らからしたら「あちこちが変わっている」というズレを生じさせることになったのだ。

さらに言えば、「勝つ、何が何でも勝つ」というのはただの私の気合でしかない。そこには何の具体的なプロセスもない。これでは選手たちは実際何をすればいいかわかるはずがない。

私はひとりで盛り上がり、肩に力が入り、自分の気持ちを選手にぶつけて満足していたのである。私は自己満足に陥っていた。選手がどう思うかなど考えず、自分の気持ちを一生懸命伝えれば、それですべてがうまくいくだろうと思い込んでいた。

４月に抑えを変更

そうした私の思い上がりは開幕してすぐ叩きのめされた。

地元マツダスタジアムでの開幕３連戦を２勝１敗で終えた後、４戦目から７連敗。スタートダッシュに失敗し、４月終了時の成績は９勝16敗。いきなり最下位に沈むことになった。

低迷の原因はいろいろあるが、まず野手に関しては、名実ともにチームの顔になってくれることを期待した菊池と丸の２人が大不振だった。年間打率で見ると前年に比べ、菊池が・３２５から・２５４、丸が・３１０から・２４９という急降下である。牽引役を務める２人がこの調子ではチームが乗っていけるはずがない。この年、カープは得点力不足で苦労するが、その主な要因にキク・マルのスランプが挙げられることは言うまでもない。

ただ、２人が不振に陥った責任は私にあった。私はシーズン前からことあるごとに２人の名前を出して「今年のチームを引っ張っていってほしい」「チームの中心は彼らだ」と公言していた。キャプテン制こそ敷いていないが、この年の２人はキャプテンのようなもので、その自覚を持ってもらうよう私自身も積極的に仕向けていた。

しかしそれが彼らの重圧になってしまった。真面目な２人は責任を背負い込み、自らのバッティングを見失ってしまった。それは私が２人に余計な重荷を背負わせてしまったからに他ならい。

投手に関しても、思い通りにいかなかった。当初抑えに想定していた新外国人ヒースが安定しなかった。開幕前はクローザーがヒースで、その前のセットアッパーを中﨑翔太、一岡竜司、今村猛、永川勝浩で回していくという構想を描いていた。しかし、最後の抑えが崩れてしまってはチームの勝利などおぼつかない。

私はシーズン開始後1ヶ月も経たないうちに、ヒースの抑えをあきらめる決断をした。そして若い中﨑と一岡を呼んで「これからは2人のどちらかに9回を投げてもらう。失敗しても構わないからとにかく思い切り投げてくれ」と伝えた。

言うまでもなく、クローザーというのは特別なポジションである。自身がチームの勝利を決定づけるという意味でメンタルの強さが欠かせない。したがって抑えは非常に重要かつ難しい役割であり、だからこそそこに信頼のおける投手がいれば、チーム全体が安心して戦うことができる。現代野球においては、エースと四番、クローザーという3人の絶対的選手がいるかどうかがチームの戦い方を左右するのである。

そういう意味で、重要なピースのひとつであるクローザーを開幕間もなく、しかも4月中に変えるというのは必然的に苦しい戦いを強いられることになる。

結局、私は新たな抑え役に中﨑を指名した。結果的に中﨑はこの年29セーブをあげ、カープの新守護神として地歩を固めることになるが、突然の抜擢によく応えてくれたと思う。私自身としてもヒースをあきらめ中﨑に変えた瞬間、監督として最初の大きな決断を下したような気がした。

ただ、当然のことながら抑え役の交代はピッチングスタッフ全体に玉突き事故的な再編を強いることになった。中﨑が抑えに回ったことで、今度はセットアッパーの枚数が足らなくなった。そこを務めるのは一岡、今村、永川、ザガースキー、中田廉……私はそれだけでは弱いと感じた。後ろの投手陣の重要性を知っているだけに、もう一枚、信頼のおける投手がほしいと思った。

　そして決断したのが、大瀬良の先発から中継ぎへの配置転換だった。

大瀬良は入団初年度の前年、先発として10勝をあげ、新人王を獲得していた。２年目の今年、われわれ首脳陣は彼がローテーションピッチャーとしてさらに飛躍することを期待していたし、彼も先発という役割に強いこだわりを持っていた。実際開幕してしばらくは先発としてマウンドに立っていた。

　しかしチームには他に候補がいなかった。しかも私の中ではもし中﨑が適応できなかった場合、最終選択肢として大瀬良をクローザーに回すという案も検討していた。

　大瀬良は６月途中から中継ぎに回り、シーズン51試合に登板するというフル回転の活躍で頑張ってくれた。そうした投手陣の再編が機能したこともあってチームは息を吹き返し、５月以降は勝率５割のペースで戦えるようになった。

1点差負けはベンチの責任

この年のつまずきは、まずはこうした投手陣、野手陣の想定外の不調によるところが大きい。守護神ヒースが脱落し、開幕で四番を務めた新外国人グスマンも4月中にケガで戦列を離れ、エルドレッドもケガで離脱。当初は代打として使う予定だった新井を四番で起用せざるを得なくなった。エース・マエケンはこの年、沢村賞&最多勝の2冠に輝く素晴らしい成績を上げたが、エース以外の抑えと四番が想定外というのはやはり苦しい。急遽代役として立った中﨑が成長し、新井が想像以上の働きをしてくれたことで助かったという状態だった。

そして、この年は私の監督としての力量のなさが如実に出た年でもあった。

選手起用の読み違えは経験不足の表れだった。シーズン前、私は自分なりに選手を見極め、綿密な準備を行ったと思っていた。だが私がやったのはベストと思える布陣を組んだだけで、それが機能しなかった場合や故障者が出た場合まで想定していなかった。選手が万全の状態でプレイしてくれることを期待し、誰かが離脱したらどうフォローするか、誰かが不振に陥れば別の誰をそこに充てるか、そうしたリスクマネジメントができていなかったのである。

経験不足はそのまま結果にも表れた。開幕後すぐにチームを襲った7連敗、この内容を分析すると7試合中5試合が1点差負けである。1点差負けというのは競り負けたということであり、大きな実力差があって負けたわけではない。

この年のシーズン終了後、私は鈴木球団本部長との話の中で「1点差負けは選手の責任ではなく采配を振る監督の責任。来季はそれを肝に銘じてやってくれ」と言われたが、まさしくその通りだった。僅差の負け試合は監督の責任なのだ。いかにして1点を取り、いかにして1点を守り抜くかは、ベンチの戦略が大きくものを言う。

1点差負けの試合が多い（71敗のうち26敗が1点差負け）理由は、私が臨機応変な采配を振れなかったことに加え、確実に1点を取るための戦術、確実に1点を守るための決めごとをチームに徹底できていないことも大きかった。「こういうときはこうする」「こうなったらこうする」という、各状況における細やかなチームプレイを私は選手に叩き込めていなかった。キャンプのときから本番を想定して、瞬間瞬間の作戦変更を選手にすぐさま伝達し、実行させる練習ができていなかったのである。

ただしこの年、まったく収穫がなかったわけでもない。幾人かの若手が台頭してきた。

ドラフト1位で入ってきた野間峻祥《たかよし》もそうである。野間は走れて、守れて、打撃の面でもパンチ力のある選手であり、私は積極的に起用した。しかしデータを見ると、このルーキーイヤー、野間は１２７試合に出場して１８８打席しか立っていない。つまり彼は代走や守備固めとして、試合途中で起用される形がほとんどだったのだ。

それは言うまでもなく、私の選手としての駆け出しの頃と同じである。まずは足と守備を武器に一軍に帯同し、自分に足りない部分を感じてもらう。私はシーズンを通して彼を起用することで、来年以降大きな戦力に成長してくれるはずだと信じていた。

同じ外野手として、野間と競い合いながら伸びてほしいと思ったのが鈴木誠也である。誠也は前年から試合に絡むようになったが、彼もまだ一軍半のような状態だった。この年は前年の36試合から97試合に出場数を伸ばし、順調な成長曲線を描いていく。また、キク・マルと同学年の田中広輔、安部友裕も出場機会を増やし、来年以降の飛躍へとつなげていく。

私はカープの監督の宿命として、目の前の試合を戦うだけではなく、若手に経験させて育てることも意識しなければならなかった。たとえ一時的に戦力がマイナスになろうとも、それが将来チームに勢いや化学反応をもたらしてくれることを知っているので、私は迷うことなく育成に取り組んだ。

千載一遇の中での屈辱

最初は大型連敗を喫し、どうなることかと思った２０１５年シーズンだったが、５月以降は持ち直し、５分の成績で戦えるようになった。勝ったり負けたりを繰り返す中で迎えたシーズン最終盤、野球の神様はあまりに劇的な幕切れを用意していた。10月7日、公式戦143試合目、カープはこれに勝てば3位、負ければ4位という試合を戦うことになった。

つまりCSに出場できるかどうかが決まる運命の一戦、それがホームのマツダスタジアムで行われるシーズン最終戦にぶつかるという、奇跡的な状況が出現したのである。

本来なら優勝を目指して戦ったシーズンである。最大の目標を逃したチームにとって、少なくともAクラスに入ってCS出場を果たすというのは最低限のノルマだった。この2年間突破できなかったCSの壁を今年こそ打ち破り、下剋上で日本シリーズに出るのだ――その気持ちは選手の中に息づいていたし、私の中にも強くあった。

そのためにはまずファンの前で勝って3位に入り、CSへの出場権を獲得しなければならない。この試合は絶対に勝たなければならない！――ファンの熱気も最高潮に達し、3万2024人という大観衆を飲み込んだマツダスタジアムで試合ははじまった。

私は最終戦のマウンドに前田健太を送った。シーズンでもっとも大事な試合には、チームのエースである彼に立ってもらわなければならなかった。ベンチにはジョンソン、大瀬良、黒田といった面々もスタンバイし、チーム全員で戦う態勢も整えた。

しかし皮肉なことに、この試合は2015年を象徴するような展開を辿ることになる。

何といってもまったく打てない。相手の中日にとっては大ベテラン投手・山本昌の現役ラスト登板という重要性はあったが、チーム成績は5位が確定し、勝っても負けても大勢に関係ないという状況である。しかもカープはホーム広島での戦い、しかもシーズン最終戦。どう考えてもウチにアドバンテージがあるはずだった。

にもかかわらず打てない。打線は沈黙を続ける。マエケンも先制点を与えまいと粘投するが、中4日の疲れもあり本調子にはほど遠い。スコアボードに両チーム〝0〟が並ぶ中、8回に大瀬良へとスイッチ。直後に被弾して3失点。ベンチで泣き崩れる大瀬良。結局打線はわずか1安打に終わり、何の反撃もできないまま0-3の敗戦。CS出場は夢と消え、異様な雰囲気となったマツダスタジアム。そして大ブーイングの中でシーズン終了のセレモニーが行われる……。

もし、33年間に及ぶ野球人生の中で、もっとも重要な1年を挙げろと言われたら私は間違いなく監督1年目のこの2015年を挙げる。そして、もっとも重要な試合を挙げろと言われたら、迷わず無残に敗れ去ったこの中日戦を挙げる。

この試合に比べたら、25年ぶりの優勝を実現した東京ドームの歓喜も、3連覇を決めたときのマツダスタジアムの一戦も足元にも及ばない。私の原点はそんな華やかな場所には存在しない。私の記憶に深々と刻まれ、私の野球に対する姿勢を大きく塗り変えることになった試合は、この試合しか考えられない。

2015年10月7日(水) 広島 × 中日 ●マツダスタジアム

25回戦[広]9勝15敗1分

	1	2	3	4	5	6	7	8	9	R
中日	0	0	0	0	0	0	0	3	0	3
広島	0	0	0	0	0	0	0	0	0	0

勝投手:若松(10勝4敗)　敗投手:大瀬良(3勝8敗)

この試合は本当に、私の野球人生を象徴する集大成のような試合だった。すべての要素が濃縮して詰まっている、一生忘れられない試合だった。

「情」を優先した私の判断ミス

実は、試合の裏側では多くのことが起こっていた。観ているファンにはうかがい知れない、さまざまなドラマが錯綜していた。

試合は0-0の緊迫した投手戦で進んでいたが、球数がかさんでいたこともあり本来はマエケンを6回で交代させることにしていた。7〜8回はジョンソンに行ってもらおうとブルペンでは準備をはじめていた。

しかし6回裏にマエケンに打席が回ってきた。マエケンは「もう1回、僕に投げさせてください」と私に直訴してきた。彼は普段そんなことを言う男ではない。しかしこのときは、どうしても自分の力でチームを勝たせたいという強い想いがあったのだろう。マエケンはこの年、エースとして文句のない働きをしてくれた。そんな男が、普段は絶対に言わない「もう1回投げさせてくれ」という要望をぶつけてきた——。

私はマエケンの申し出を退けることができなかった。彼をそのまま打席に向かわせた。

ただし、そのことでジョンソンへの継投は流れることになってしまった。ジョンソンは前回の登板から中3日という状況。試合前の話し合いで「肩を作ったらすぐに投げさせてくれ。二度三度と肩を作ることはできない」と言われていた。ブルペンで肩を作った直後なら登板できるが、一回作って休んだ場合、肩が冷えてしまうのでマウンドでは投げられないという取り決めが事前に結ばれていた。

その結果、7〜8回をジョンソンで行くという案は崩れ、新たな継投が必要になった。志願のマエケンは7回を投げたものの、そこで限界を迎えてしまった。9回は中﨑が投げるとして、黒田に延長戦を託すとしたら、じゃあ8回は誰が行くか？——私の中では大瀬良しかなかった。

本来この日、大瀬良が登板する予定はなかった。不測の事態が起こったとき、最後の最後の選択肢として彼に投げてもらうかもしれないという意図でベンチに置いている状態だった。

すでに大瀬良が登板過多になっていることは知っていた。人差し指に血行障害が生じて、満足にボールを握れないこともわかっていた。大瀬良はチーム事情でシーズン途中に中継ぎに回り、文句を言わず大車輪で働いてくれた。そのツケが回ってきていたにもかかわらず、私は最後の最後まで大瀬良に頼らざるを得なかった。

そして彼は打たれた——それはシーズンを通じての彼の酷使がもたらしたものだった。大瀬良がベンチで流した涙は、私が流させたようなものだった。

さらに言えば、私がマエケンに対して非情になれていれば、あの場面で大瀬良が投げることはなかった。あの瞬間、私の中に迷いが生じてしまった。そう考えるとあの失点は必然であり、すべては私の監督としての決断力のなさに起因する。

大事な最終戦での敗戦に対して、ファンが感じた怒り、悲しみ、悔しさ、情けなさ……は並大抵のものではなかった。試合後、マツダスタジアムで行われたセレモニーでは怒号や罵声が降り注いだ。

最終戦が出発点になった

セレモニー後、私はひとり監督室に戻っていた。

まだ気持ちは呆然《ぼうぜん》として、頭の中は真っ白だった。全身がしびれたようになっていて、何も感じることができなかった。

「ああ、勝てなかった……」

頭の中はそのことばかりがこだましていた。まだ敗戦を受け入れられず、現実そのものから遊離したような状態だった。

そんなとき、監督室のドアが開いた。突然誰かが入ってきた。

「監督、すいませんでした！」

入ってきたのはトレーニングコーチの根本淳平（現ロッテ・トレーニングコーチ）だった。淳平はボロボロ涙を流していた。淳平の涙を見た瞬間、私の目からも涙がこぼれた。急に現実が戻ってきて、感情が溢れ出したような感覚だった。

「監督、申し訳ありませんでした！」

また別の男が監督室に飛び込んできた。今度はトレーナーの松原慶直だった。松原もまた泣いていた。さらに、

「すいませんでした、監督！」

ピッチングコーチの畝龍実も入ってきた。私は３人に対し、

「とんでもない、俺の力不足で申し訳なかった！」

と叫んでいた。本当はその後「謝るのは俺の方だ……」と続けたはずだが、それが声になったかどうかはわからない。私はすっかり緊張の糸が切れてしまっていた。

蛍光灯が煌々《こうこう》と灯る無機質な監督室で、大の大人たちが涙を流していた。さまざまな感情が暴れるまま、ボロボロ大泣きしていた。私たちは悔しくて、情けなくて、申し訳なくて、腹立たしくて、そんなすべてが言葉にならず、ただオイオイと声を漏らすばかりだった。

あのとき、私たちは確かにドン底を見たのだった。これ以上ないほどの無様な負け様。私たちは自らの無力さを眼前に突き付けられ、涙を流すことしかできなかった。

ただ、それと同時に私は不思議な安堵感に包まれていた。シーズン後半、私は監督という立場ゆえの孤独を感じていた。「結局俺はひとりで戦っているんじゃないのか？」という想いに苛《さいな》まれていた。

しかし試合後の監督室では私と共に３人の男が泣いてくれていた。私は、

「みんな必死で戦ってきたんだ。みんな監督である私を支えてくれていたんだ」

ということを肌で感じた。私はずっと自分は孤独だと思ってきたが、本当は一人ではなかったのだ。

それが私たちの出発点となった。

ここからはじめなければいけない。この屈辱から、もう一度立ち上がらなければならない――。

２０１５年の最終戦がなければ、それ以降の私はなかったことだろう。もしかして、それ以降のカープもなかったかもしれない。

何度も書く。

私のすべては、ここで生まれ、ここからはじまったのである。

カープ25年ぶりの優勝、そして３連覇は、この屈辱の中から誕生したのである。

第4章

●2016年

なぜ25年ぶりの優勝は実現したのか？
私の「監督論」

2016年データ○セントラル・リーグ最終成績

順位	球団	勝／負／分	勝率	差
優勝	広島東洋カープ	89／52／2	0.631	—
2 位	読売ジャイアンツ	71／69／3	0.507	17.5
3 位	横浜DeNAベイスターズ	69／71／3	0.493	19.5
4 位	阪神タイガース	64／76／3	0.457	24.5
5 位	東京ヤクルトスワローズ	64／78／1	0.451	25.5
6 位	中日ドラゴンズ	58／82／3	0.414	30.5

2016 マツダ クライマックスシリーズ セ・ファイナルステージ

日付・試合	ホーム	スコア	ビジター	開催球場
10月12日(水)・第1戦	広　島	5 - 0	DeNA	マツダスタジアム
10月13日(木)・第2戦	広　島	3 - 0	DeNA	マツダスタジアム
10月14日(金)・第3戦	広　島	0 - 3	DeNA	マツダスタジアム
10月15日(土)・第4戦	広　島	8 - 7	DeNA	マツダスタジアム
	勝者○広島			

SMBC日本シリーズ2016

日付・試合	ホーム	スコア	ビジター	開催球場
10月22日(土)・第1戦	広　島	5 - 1	日本ハム	マツダスタジアム
10月23日(日)・第2戦	広　島	5 - 1	日本ハム	マツダスタジアム
10月25日(火)・第3戦	日本ハム	4x - 3	広　島	札幌ドーム
10月26日(水)・第4戦	日本ハム	3 - 1	広　島	札幌ドーム
10月27日(木)・第5戦	日本ハム	5x - 1	広　島	札幌ドーム
10月29日(土)・第6戦	広　島	4 - 10	日本ハム	マツダスタジアム
	勝者○日本ハム(10年ぶり3回目)			

答えは過去の経験の中にあった

監督１年目の最終戦は、私の長い野球人生の中で忘れることのできないものとなった。

それは私だけでなくコーチ、スタッフにとっても同じで、私たちは同じドン底を共有し、涙を流した。実力不足の現実を目の当たりにし、ファンからのブーイングを甘んじて受けるしかなかった。

しかし下ばかり向いているわけにもいかない。気持ちを切り替えて次に向かうしかない。

私たちはすぐに来シーズンに向けての準備にとりかかった。最初に何をやったかといえば２０１５年、なぜ結果を出せなかったのか、その原因を徹底的に洗い出した。

２０１５年、最後の試合の印象が強いためチーム全体が悪かったように感じるかもしれないが、そんなことはない。そこにはよかった部分もあったし、悪かった部分もあった。

よかった点としてまず投手に目を向ければ、前田、黒田の先発陣に新外国人のジョンソンが加わり、先発３本柱が完成した。中継ぎも一岡、今村、シーズン途中に配置転換した大瀬良と駒が揃い、抑えには若い中﨑が定着した。これによってチーム防御率は３・７９から２・９２（リーグ２位）へと大きく改善した。

守備においては、後で詳しく触れるが、田中広輔をショートに固定できたことでセンターラインが強化された。これは私が監督就任時に公言した、投手を中心としたディフェンス面の整備がある程度進んだ結果だと言っていいだろう。

一方の攻撃面は、

・チーム打率　０・２４６（リーグ５位）
・チーム得点数　５０６（リーグ３位）
・チーム盗塁数　80（リーグ４位）

この数字が表すように弱点が目立った。特にカープの伝統である機動力に関しては、盗塁数が前年の96から80に大きく減ったようにうまく活かせなかった。それゆえここぞというときに１点を奪う攻撃ができなかった。

私はコーチ、スタッフとそうした項目についてひとつひとつチェックしていった。

その中には、たとえば巨人との戦い方についてのものもあった。前年、私は対巨人戦で勝ち越すという目標を立てていた。巨人はそれまで３連覇中であり、優勝を目指す上で絶対に叩かなければならない相手だと考えていた。だが巨人との直接対決は15勝10敗と大きく勝ち越したものの、チームは優勝に手が届かなかった。優勝へのポイントはそこではなかったのである。

では、一体何が足りなかったのか？　私たちは昨年の戦績を見つめ直し、改めて敗因を分析した。

やはりスタートダッシュは肝心だろう。昨シーズンは開幕してすぐに7連敗を喫し、それが最後まで尾を引いた。借金生活から抜け出すことができなかった。そして連敗中にそうであったように、チームは僅差のゲームに弱かった。攻撃面では確実に1点をとるための作戦が構築できておらず、勝負強さや得点圏打率にこだわった指導もしていなかった。投手陣に関しては試合終盤に投げるピッチングスタッフの充実、いわゆる〝勝利の方程式〟の確立が後手に回った。鈴木球団本部長に指摘されたように、僅差の試合をモノにできないということはベンチの采配にも難があった……。

そのように考えていくと、私にとって失敗だらけの２０１５年は、チームに足りないものを教えてくれる貴重な教材となった。単純に考えれば、２０１５年の失敗をひとつひとつ改善していけば、必ず昨年より強いチームになれるはずだった。

チームの問題点と解決策について頭を悩ませているうちに、不思議な想いに駆られるようになった。どうすれば強いチームができるのか？　どうすれば接戦で負けないチームになれるのか？……イメージを追求していくと、私の頭にはこれまで見てきたさまざまな野球風景がフラッシュバックしてきた。

三村監督の下で同年代の選手がライバル意識を保ち、切磋琢磨しながら成長していったこと。あのときは誰もが自分の役割を自覚し、個性を出しながらチームとしての一体感もあったこと。優勝寸前まで行きながら、最後は投手の枚数が足らず息切れしてしまったこと。阪神のＪＦＫなど、中継ぎから抑え投手が充実しているチームと戦うときは、6回までに勝ち越さないと点が取れなくなるという重圧が強く、とても戦いにくかったこと……。

私はハッと気が付いた。

一体どうしたら勝てるのか？　勝てるチームというのはどういうものか？　その答えを、私はすでに知っていたのだった。カープに入って現役生活23年、コーチ生活5年、そうしたキャリアの間に、私は数々の試合を経験し、どうすれば勝てるのか、どうして勝てないのか、ずっと考えてきた。それは知らず知らずのうちに、喜びや悔しさといった感情と一緒に身体に深く刻まれていた。

勝てるチームを作るための答え――それは私の過去の経験の中にあったのである。コーチ時代、自分が受けてきた指導の中にコーチングのヒントが隠されていたように、監督時代1年目はそのことに気付くことができなかった。

しかし今は、その経験がすべてだと断言できる。私はただそれを思い出して、実践すればいいだけだった。メーテルリンクの〝青い鳥〟ではないが、ずっと探し求めていた答えというのはどこか遠くにあるのではなく、私自身の頭の中に最初からあったのである。

「任せる」の勘違い

この時期、個人的に強く反省したのはベンチにおける采配だった。

1年間監督をして痛感したのは、自らの準備不足だった。コーチ時代の1年目、私は自分の感覚で〝発信〟するばかりで選手の思考や行動パターンを〝受信〟することをしなかったと書いたが、それと同じ失敗を監督1年目でも繰り返してしまった。

たとえば、ある選手が打席に立つとする。監督1年目の私は「ここは自分だったら打つだろう」「自分だったらチームバッティングを意識するだろう」と、すっかり自分目線で見てしまい、具体的に指示を出すことをしなかった。それが選手任せに見えたところもあったし、ベンチの物足りなさにつながったところもあった。

きっとできるだろう、やってくれるだろう、ここは打てるはずだろう——そう思うのは勝手だが、当然のことながらうまくいくことは少ない。なぜなら選手は私ではないし、「〜してくれるだろう」というのは私の独りよがりな願望でしかないからだ。私は勝手に選手に想いを託し、「どうしてここで打てないんだ！」と勝手に憤っていた。自分の視点でしか試合を見ておらず、選手の状態を把握する〝受信〟の準備がまるでできていなかった。

準備不足に関しては他にもある。たとえばある選手に対して代打を送る。前年、私はその選手が打ったら「よし！」、その選手が凡退したら「くそ！」と一喜一憂していた。試合の流れを読むことを知らず、戦況に流されがちなところがあった。

しかし本当の監督は目の前の物事や一時の感情に振り回されない。選手を打席に送った後、頭の中ではすぐに〝その先〟の準備をはじめている。ここで打ったら次は誰を出すか？　代走を行かせるか？　バントで送るか？　投手まで回るか？　そこで代えるか？　だとしたら次の回は誰が投げるか？　ブルペンで用意させておいた方がいいか？……。

野球というのは無限の選択肢があり、さまざまなシミュレーションが可能で、それだけ準備も必要となる。そして状況は刻一刻と変化するため、それに応じて対策も変えていかなければならない。いくら目の前でスリリングな試合展開を見せられても、頭の中は冷静に次の一手を考えておかなければならない。

だが、新米監督にはそれができない。つい目の前の状況に振り回されてしまう。確かに自信を持って送り出した投手が打ち込まれたらガックリくるが、監督はそこで心折れてはいけない。まだ試合は終わっていないのだから、傷口を最小限に抑えてその回を切り抜け、次の回にどう反撃するか考えなければならない。ベンチにいるメンバーで何ができるか計算しなければならない。

監督とはゲームセットが宣告されるまで、常に勝利のためにその時点の最善策を練り続ける存在でなければならない。

それと同時に、監督は今戦っている試合だけを見ていればいいわけでもない。長いシーズンを考えて割り切らなければならない負け試合もある。逆に、どんなに無理をしても勝たなければいけない試合というのも存在する。監督は常に勝負の流れを読み、先に何があるか把握しておかなければならないのだ。

そうした広い視野で見ると、監督の仕事というのは本当に山ほどある。展開の先の先の先まで考え、そこから逆算してひとつひとつの準備やフォローを行っていかなければならない。

先の例で言えば、シーズンに入って「チャンスで打てない打者が悪い」「サイン通りに動いてくれない選手が悪い」と文句を言ってもはじまらない。それはシーズン前にチャンスを想定した打撃練習を行っていないからだし、サインを習得する練習を徹底しなかった私が悪い。

そう考えると、監督１年目の２０１５年は準備も練習もやってはいたが、やったつもりになっていただけだった。「きっとやってくれるだろう」という根拠のない楽観の下、選手任せにしていただけだった。

松下幸之助の有名な言葉に「任せて任せず」というのがある。

私がやっていたのはその悪例というか、私は選手やコーチに〝任せっぱなし〟にしていただけだった。本来は自分が全体を把握した上で、その枠組みの中で選手やコーチの意思に委ねることが必要なのに、〝任せる〟という行為の真の意味をわかっていなかった。コーチに裁量と責任を与えつつも、最終的には自分の目で見て、自分で確認するという〝任せず〟の部分が欠けていた。

２０１５年の失敗を経て、私はこうしてひとつひとつ自己変革とチーム改革を推し進めていった。

結果ではなくプロセスに集中する

では、私は具体的にどのようにチームを改革していったのか？

前年はチーム始動と同時に「勝つ。何が何でも勝つ」というスローガンを掲げ、それが失敗の原因になったことは前述した通りである。感情的で抽象的な言葉は選手の胸に届かず、混乱と空回りを招いただけだった。

その反省を踏まえて２０１６年最初のミーティングで、私は選手、コーチ、スタッフを前に今年の指針を書いた紙を配った。その冒頭には、このような言葉を記した。

「結《むす》びに専念すれば、果《か》が生まれ

果に専念すれば、苦《く》が生まれる」

その下にはこのような注釈もつけた。

「結果の『結』は結びといい、行いそのものの意味、行うということに意識を持っていけば、後から結果は生じるのですが、行いそのものでなく後の結果ばかり考えていると、そこには苦しみしか出てこない。

という教えです」

詳しくは後述するが、私はコーチ時代に知人に誘われ、大阪にある真言宗天王山・命教寺の植田真光住職のところへ〝行《ぎょう》〟に通うようになっていた。他にも石原慶幸や會澤翼、そして新井貴浩は堂林翔太を連れて護摩行へ行った。選手たちが燃え上がる炎を前に、顔の表面をヤケドしながら真言を唱えている映像を見たことがある方も多いだろう。行とはカープファンにとって、今やシーズンオフの恒例ではないだろうか。

護摩行は激しい炎の時間の後、ゆっくりと住職と対話する時間がある。私が全員に配った言葉は、その時間に住職から教わった言葉で、「まさに！」という想いとともに深く心に入ってきたものだった。

前年、私は「勝つ。何がなんでも勝つ。優勝」という目標を掲げたが、それにより優勝、勝利といった〝結果＝果〟に囚《とら》われてしまい、「勝たないといけない」「優勝しなければいけない」という苦しみばかりに襲われたシーズンを送ることになってしまった。「勝ちたい」「優勝したい」「結果を残したい」という気持ちが強すぎるがゆえに、それに縛られ、重圧につぶされ、自由を失い、持てる能力を発揮できずに終わってしまうという悪循環。まさに「果に専念すれば、苦が生まれる」を地で行ったのが２０１５年シーズンだった。

しかしこの言葉は結果に囚われた心からの解放を提案する。ここで専念すべきは〝果〟ではなく〝結び＝行い〟の方であると転換する。結果主義、成果主義を捨てて、目の前の行動に集中することで〝結果的に成果が生まれる〟ということを言っている。

つまりこれは、「何かを欲したとき、真に集中すべきは結果よりもプロセス」ということを伝えているのである。優勝したいという気持ちは誰にでもある。では「優勝したいと強く願えば優勝できるのか？」と言えば、そんなことはない。大事なのは「優勝するために何をしないといけないか？」であり、それを徹底的に突き詰めることである。

昨年は勝利という結果に至るまでの〝結び〟に気持ちを向けていなかった。気分が高揚して威勢のいい旗を立てただけで、それを実現するためのサイン確認やバント練習、投手継投のシミュレーションといった本質に気持ちが向いていなかった。

私はこうした気付きを忘れないため、手帳にも自身の言葉で書きつけた。

「勝ちにこだわるでもなく
負けにおののくわけでもなく
自分の精一杯の野球を信じて動けば
おのずと結果につながる
真中　真中　真中
いつ何時でも心はニュートラル
自分の想い考えを実行する」

人間、誰もが〝果〟がほしい。〝果〟がほしいあまりに〝結び〟に集中できず、おろそかになる。

私は監督2年目から、とにかく自分を信じることにした。自分が選んだ道を信じる。自分を信じて進んでいけばいつか勝利の女神が微《ほほ》笑《え》んでくれることを信じて、目の前のことにひたすら精進する——。

2016年、私がまず行ったのは、私自身の意識改革だったのかもしれない。

2016年シーズンの最初にミーティングで配った資料

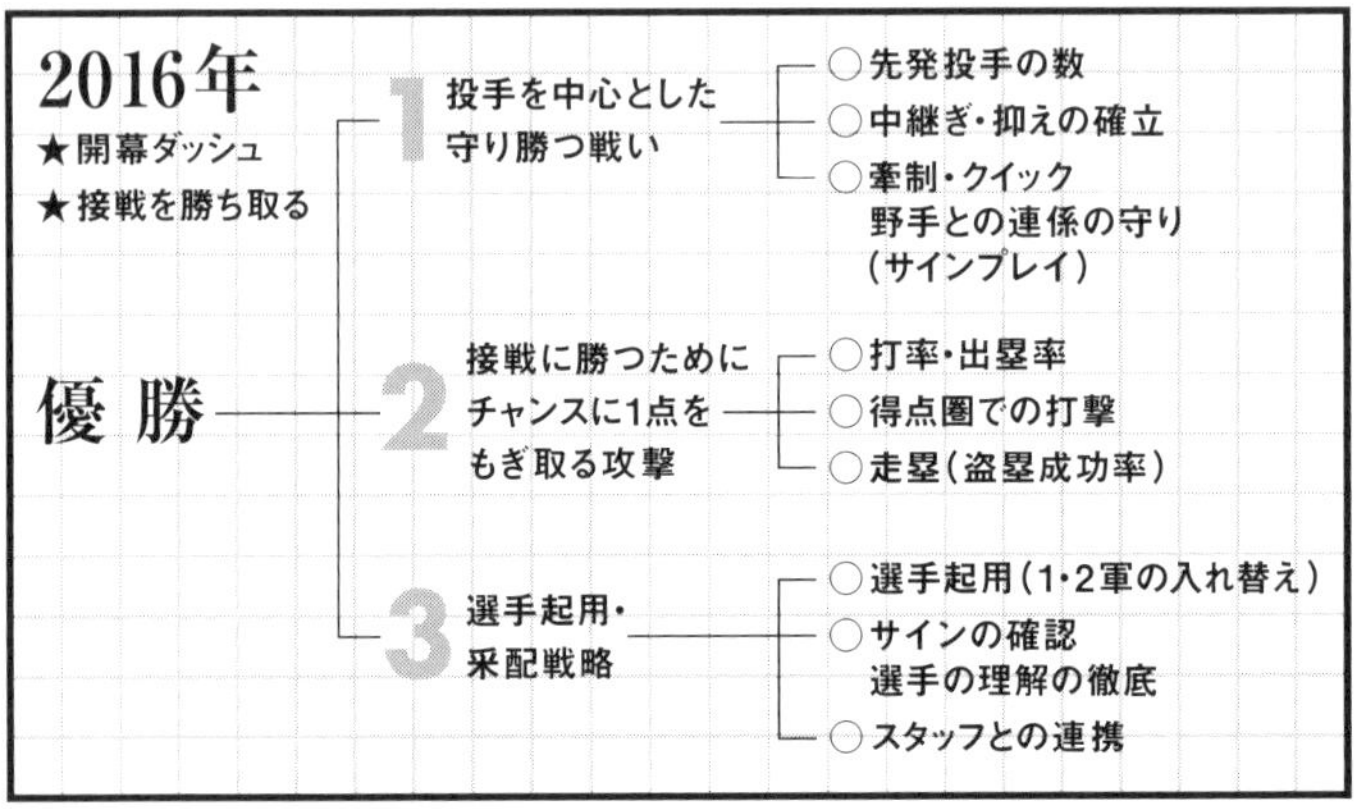

個々の〝役割〟の明確化を徹底

選手、コーチに配った紙の続きには、

「★開幕ダッシュ
★接戦を勝ち取る」

という昨年の2大失敗を掲げ、まずそれを克服することを訴えた。

さらに「優勝」という目標を果たすための3つの方針を記し、その下には方針を具現化するための重点課題を列挙した。ここで目標に至るためのプロセスを示し、それを具体例を用いて説明したのである。

そうしたチーム方針を浸透させるため、私が頻繁に用いたキーワードが〝役割〟というものだった。

チームが勝つために選手は何をすればいいか？　コーチもスタッフも勝利に向けたプロセスに対し、どのように気持ちを向ければいいのか？

それは個々が自分の役割を果たせばいいのである。それぞれが自分の持ち場で、託された役割をきちんとこなすことで、その総和としてチームが機能し、結果的に勝利へと結び付く――それが私の目指した勝利のためのプロセスだった。

役割というのは案外誤解されやすいものだ。先ほどの例でいうと〝結び（手段）〟と〝果（結果）〟が混同されやすいのと同じように、役割と目標というものも取り違えられがちである。

たとえば２０１６年シーズン、私は選手たちが自分の役割をきちんと理解しているか推し量るために、よく「君の役割は何だ？」という質問を投げかけた。そこでたとえば投手から「最低10勝することです」「15勝してチームに貢献したいです」といったたくましいコメントが返ってきたら、「それは個人の〝目標〟であって、監督である私が求めている〝役割〟ではないな……」と内心思っていた。

私が先発投手に求める役割は、一言で言えば「ゲームを作ること」である。もっと具体的に言えば「プレイボールから6イニング、もしくは7イニングを投げて3点以内に抑えること」である。「10勝したい」「20勝したい」というのは目標であって、役割とは違う。目標というのはあくまで〝果〟であって、それは自分でコントロールできるものではない。その日の打線の調子もあるだろうし、たとえ1失点で抑えても0‐1で敗れることもある。

自分の視線をそうした結果論に置くと、外的な要因によって一喜一憂することになる。私が求めているのはそんなことではない。重要なのは自分がやるべき〝結び（プロセス）〟の中身をきちんと理解し、それに専念することで、それが先発投手の場合は「クオリティスタートを達成する」ということになる。

だから私はその投手がたとえ負け投手になろうと、６回３失点以内を守っていれば何も言わない。逆に言えば、０点で抑えてくれなんて思っていない。ただし、大量失点を喫したり、早い回で崩れたりすることだけは勘弁してほしい。ただそれだけである。

私は個々の選手に対し、その役割をできるだけ明確に伝えるよう努めた。

たとえば中継ぎ投手の場合は「1イニングで３つのアウトを取ってくれればいい。無失点であれば１００点だが、たとえ失点しても気持ちを切り替えて、次の失点を防ぐ気持ちで投げ抜いてほしい。大事なのはとにかく1イニング、３つのアウトをとること、それが君の役割だ」と。さらに「多くの試合で投げてもらう。ただし４連投以上はさせない」といった細かい取り決めも共有した。また、中継ぎ陣の中でも「負け試合で投げてもらう投手」や「複数イニングを投げる投手」「途中から投げることになるかもしれない投手」など、さまざまな役割を想定し、各投手にそれを伝え、理解してもらった。

役割を明確に伝えることで何が変わったかといえば、各選手が余計な〝果〟に振り回されなくなった。「自分の仕事＝与えられた役割を果たすこと」と思考がシンプルになり、目の前の〝結び〟に集中できるようになった。また、選手は自らの強みやチーム内での立場を認識し、自分が何を求められていてどこを伸ばしていけばいいか、そのために日々何をするべきか、自然と理解していった。こうして個々にプロフェッショナルとしての自覚が芽生え、チーム全体から迷いがなくなった。

こうした意識改革が浸透したと感じたのは、私が監督を退任する頃には選手が普通に、

「自分の役割をしっかり果たすだけです」

とコメントするようになったことが挙げられる。

それは四番であれエースであれ、ワンポイントリリーフであれ代走であれ、守備固めであれ、それぞれが与えられた役割をまっとうすることで組織が機能し、誰もがチームが勝つためのイメージを共有し、互いを信頼できていることの何よりの証であった。

しっかり準備して運に任せる

役割の明確化を行ったのは選手に対してだけではない。スタッフもまた同様である。

スタッフには、「君の仕事はこれであり、ここからここまでは責任を持ってやってもらう」としっかり伝えた。コーチだけでなくトレーナーやスコアラーといった裏方ひとりひとりに明確な

役割を与え、各自の仕事内容を具体化、項目化していった。

言葉というのは自分では伝えたつもりでも〝濁りがち〟というか、実は正確に伝わっていなかったり、誤って伝わっていたりするものである。だから私は具体的な言葉を使うことを心掛けたし、何度も繰り返し語りかけることを意識した。しつこいと思われても、くどいと思われても、何度も何度も語ることで言いたいことが正確に伝わるならそっちの方が全然いい。

さらに情報交換を徹底し、どんな細かなことでも報告してもらうようにした。コーチには「選手にどういう指導をしているのか、今の状態はどうなのか」といったことを詳しく知らせるように伝えた。

結果、スタッフたちの仕事は格段に厳しくなった。自分の果たすべき役割が決められるというのは、ノルマが課せられるようなものである。仕事内容が明確化したことで、それが達成できたかどうかは一目瞭然であり、どうしてそれが達成できなかったか、その理由や不足点も明らかになる。

それによりチームから曖昧《あいまい》さが削ぎ落とされ、筋肉質な組織に変わっていった。その一方で私は彼らに権限を与えた。たとえば選手への指導については私は口を挟まず、常にコーチを通すようにした。与えられた役割をまっとうしてくれるのであれば、やり方は問わない。先ほどの〝任せっぱなし〟の話ではないが、責任と権限をセットにして渡すことこそ真の〝任せる〟ことだと私は気付いたのである。

ちなみにこうした施策も野村監督時代に感じた、監督、コーチの双方から言われることで選手が混乱してしまった記憶がベースになっており、過去の経験の上に私のやり方は成り立っていることがわかってもらえると思う。

他にも細かいところはいろいろ変更した。

たとえば試合後のスタッフミーティングは翌日に行うことにした。やはり負け試合の後は感情的になってしまい、どうしても冷静な分析ができない。あら探しのようになってしまう。

それは選手に対しても同じである。私は選手の技術指導はコーチに任せたが、コミュニケーション自体は積極的にとるよう心掛けていた。気になる選手にはよく「昨日の試合はどうだったか？」とグラウンドで声をかけた。

これも試合直後の感情が高ぶった状態では何を言っても話にならない。試合の翌日、冷静になったときを見計らって声をかけ、根気強く話をする。それも私が一方的に話すのではなく、選手の話も引き出した上で、「ちゃんと伝わったな」と思えるまで話をする。私は闇雲に話しかけるのではなく、彼らが聞く耳を持てるタイミング、言うべきタイミングを見つけて話すということを心掛けるようになった。

そう考えると監督2年目の私は、多少だが余裕が出てきたのかもしれない。「勝つ。何がなんでも勝つ」と肩に力が入り、結果に振り回されていた1年目の失敗を糧《かて》に、「結局は自分の信じる道を進むしかない」とどこか開き直ったところがあったのだろう。

前で触れた松下幸之助は、こんな言葉も遺している。

「思ったことが全部実現できたら危ない。三回に一回はうまくいかないことがあってちょうどいい」

最初から3回チャンスがあれば1回は失敗するのが当たり前だと思っていれば、多少のことでうろたえはしない。勝負事は準備が8割を占め、あとの2割はアクシデントや時の運など、いろんなことが絡み合って勝敗が決する。

だからやるべきことをやったなら、あとは運を天に任せるしかない——私はもう前年のように〝果〟に苦しめられることはなかった。

「勝ちにこだわるでもなく
負けにおののくわけでもなく
いつ何時でも心はニュートラル」

私はその言葉通り、ニュートラルな心で監督2年目のシーズンに突入していった。

自分の変化に気づいた一戦

２０１５年のシーズン前、カープは優勝候補とおおいに騒がれた。新井、黒田の復帰にカープ女子ブームが重なり、チームは異様な熱気に包まれていた。

２０１６年もチーム周辺は騒がしかったが、前年あれだけ期待されながら４位という結果に終わったことで、多少は落ち着いた部分があった。さらにエース・マエケンがロサンゼルス・ドジャースに移籍したことで、戦力ダウンを指摘した評論家も少なくなかった。

たいがいの新聞の予想ではカープはＢクラスということになっていた。私はそれを見て肩の力が抜けたとか、逆に発奮したとか、どちらもなかった。私は「自分のやるべきことをしっかりやるだけ」という心境に至っていた。

２０１６年シーズンがはじまった。

４月いっぱいを16勝12敗で切り抜けた。３連敗は一度もなく、４つの貯金を作ることができた。昨年いきなり７連敗でつまずいたことを考えれば、上々の立ち上がりである。シーズン最初に宣言した目標のひとつである「開幕ダッシュ」をまずはクリアした形となった。

この年は25年ぶりの優勝を果たすことになるが、シーズン終了後、よく「今年のポイントになった試合はどれですか？」という質問を受けた。

多くの人は「神ってる」のフレーズが飛び出した鈴木誠也の3試合連続ホームラン（6月17〜19日のオリックス3連戦）や、巨人に4・5ゲーム差まで詰め寄られ「メークミラクル再び!?」という危機感の中で行われた直接対決、9回2死から菊池のホームランで同点、新井のタイムリーツーベースで逆転サヨナラ勝ちした試合（8月7日）を挙げるようだが、私にとってターニングポイントとなった試合はそれではない。

それはシーズンがはじまってまだ6試合目の、ナゴヤドームで行われた中日戦だった（3月31日）。その試合は6回が終わるまで5-0でリードしていたものの、7回7点、8回2点と投手陣が崩れ逆転負けを喰らうという展開に陥った。つまり見事に継投に失敗したのである。

何度も書いているが、現在のプロ野球において試合終盤のピッチングスタッフは何よりも重要である。特に前年はヒースの不調で苦しんだだけに、この年は早いうちに中継ぎから後ろの継投に関しては絶対的な勝ちパターンを確立したいと考えていた。

そんな中で7回から誰に投げてもらうか探っていた矢先に、出した投手がことごとく打たれた。せっかくの勝ち試合をあっという間にひっくり返されてしまった。

しかし不思議なことに、私はそんな状況を前にしてもうろたえなかった。頭の中はむしろ冷静で「この選手にこの場所は適材適所じゃないな」「一回流れが相手に行ってしまうと、こちらに引き戻すのは難しいな」ということを客観的に受け止めていた。去年であれば「なにやってるんだ！」と感情的になっていた場面で平然としている自分がいたのである。
もとをただせば、この試合に対してはその前からイヤな予感があった。この試合、先発のジョンソンは見事な投球で、6回まで無失点に抑えていた。試合の流れを考えると本来は7回も続投させたかったが、次回の登板を考え、ピッチングコーチと本人はこの回までと言ってきた。私はもう1アウトでも2アウトでも投げてもらいたかったが、彼らの意見を聞いて継投に入った――その結果の逆転負けである。私は次々と打ち込まれる中継ぎ陣を目の前にしながらも、「こちらが流れを手放してしまうと、案の定こうなるよな」「あそこでジョンソンに7回も行けと言わなければいけなかったな」ということを冷静に考えていた。

そのとき私は、自分自身が去年と違うことを実感した。目の前の試合展開を見ながら同時に大局的な試合の〝流れ〟というものも感じていて、自分の采配ミスや負けという結果も必然として受け止められる。この日の逆転負けを引きずって翌日の試合も敗れてしまったが、それに関しても「昨日あんな負け方をしたら今日もこういう流れになるよな」と静かに納得している自分がいた。誰に文句を言うでもなく、選手のせいにするでもなく、ありのままの現実を受け入れ、それを素直に認められる自分がいた。

去年は受け入れられなかったものを受け入れられている自分――シーズン初頭で私はまずは自分の変化を感じ取ったのである。

膨大な情報を瞬時に処理する戦い

そうした私の心境の変化はベンチワークにも影響を及ぼした。

野球ファンの方はどこまで知っておられるかわからないが、私が監督を務めていたときのカープの野球はすべてサインで動いている。盗塁や送りバントはもちろん、投手に対して「ここ一球ウエストするよ」「牽制2回入れて」「ボール長持ちして」といったものもすべてベンチからの指示である。それは黒田が投げているときも同じで、私の監督時代は常にベンチからのサインで選手を動かした。

現代の野球は非常にレベルの高い情報戦になっている。１９９０年代、野村克也監督はヤクルトで〝ＩＤ野球〟を提唱して一世を風靡《ふうび》したが、あれから30年経った今はいかに膨大な情報を吸い上げ、それを解析するかが勝利のためには欠かせない手法となっている。

たとえば私は毎試合前、選手より早く球場に入り、その日の対戦チームや対戦投手の映像を観ることを日課にしていた。ひとりで映像を観た後は、そこにスコアラーを呼んでさらに詳細を尋ねる。

その日の相手の先発投手の映像を観ながら、「どうやって点をとる？」と聞くと、スコアラーは分析した配球パターンを解説する。それも通常の配球パターンと、得点圏にランナーがいる場合の2種類。そこから「打者一巡目は外のストレートに的を絞って積極的に振らせていく、二巡目は一巡目の配球を見て新たな指示を出す――」といった方針が決まる。得点圏にランナーが出た場合は狙い球を何にするか、走者を走らせるとしたら変化球が多いカウントで思い切って動かすか、それに加えて牽制のクセは……。

そうした緻密な分析はどんな投手に対しても行われる。いい投手は一度攻略法を見つけてもすぐに修正してくるため、こちらも観察を続けなければならない。

映像を使ってスコアラーと相手チームの分析を行う一方、今度はこちらの作戦を実行するためのサインプレイをコーチに命じて選手に徹底させる。緻密な作戦を実行するためにはサインのバリエーションも必要になる。たとえば走塁ひとつとってもスチール、ディレードスチール、ワンバウンドの球に対して即座にスタートを切る……など常に5～7個の選択肢が存在する。ベンチサイドは状況に応じてそこから選択し、伝達し、選手はそれを察知し、実行する――グラウンド上ではひとつのボールを投げて打っているだけのように見えるが、実はその裏側ではものすごい速さで情報が飛び交っているのである。

そんな〝秒速〟の判断が求められるベンチワークにおいて、一喜一憂ほどムダなものはない。ベンチでは一球一球に対し「ここウエストするよ」「牽制球入れて」と随時サインを出さなければならないのだ。さらにストライクが入らないとなると、次の投手を準備しなければならない。

相手打者によっては守備シフト変更の指示も出さなければならない。

監督2年目、私は冷静に戦況を受け入れられるようになったと書いたが、もしかしてそれは単に考えなければいけない要素が増えすぎて、感情的になっている余裕がなくなっただけかもしれない。

私はベンチで頭をフル回転させていた。試合の流れを読み、一瞬一瞬で判断を下し、もしもの可能性の先の先までデータを駆使して見極めようとした。

「神ってる」11連勝

２０１６年シーズン、私もそうだが、選手たちにも期するものはあったと思う。

去年の最終戦の悔しさは私だけでなく、選手も感じていたはずだ。それが新シーズンに向けての大きなモチベーションになった。

チームは3～4月が16勝12敗、5月が13勝12敗1分けと良好なスタートを切ったが、「今年のカープは違う！」と感じさせたのはやはり6月の交流戦だろう。

6月14日の西武戦は、この年から採用されたコリジョンルールの適用で勝利したことで話題になった。これは同点で迎えた9回裏、菊池の本塁突入が一度はアウトと宣告されたものの、私が抗議したことでビデオ判定となり、捕手の走塁妨害がとられてセーフに覆《くつがえ》ったものである。

これもコーチ時代、野球のルールをイチから勉強し直す習慣を付けたことが効いている。劇的なサヨナラコリジョンをきっかけにチームは波に乗り、その試合を皮切りに11連勝を飾ることになる。

オリックス3連戦では「神ってる」発言が注目された。オリックスとの初戦、鈴木は延長12回、サヨナラ2ランを放ち、2戦目は2点ビハインドの9回裏、逆転のサヨナラ3ラン、3戦目も同点の8回に勝ち越しホームラン——1試合決勝ホームランを打つだけでも難しいのに、3試合連続でそういうタイミングで打席が回ってきて、しかも期待に応えてしまうのはそれこそ神がかり的である。これは鈴木誠也という男が理論や理屈を超えた〝星〟を持っているとしか言いようがない。

この試合後の会見で、私は「いまどきの言葉で言うと〝神ってる〟ってことだよな」と話し、それがこの年のカープの躍進と結び付いて年末に流行語大賞に選ばれた。この2年前には「カープ女子」が流行語大賞でトップテン入りしたが、この時期どれだけカープが社会現象になっていたかがよくわかる出来事である。

ちなみにこの〝神ってる〟は私が家族と食事をしているとき、息子や娘がそれに似た言葉を話していたのだ。おそらく〝神曲〟とか〝神セブン〟とかそういうものだったと思うが、それを耳にしていた私は誠也の快挙に対し「神がかり的だな」と言おうとして、ああいう言葉になってしまった。それがテレビやスポーツ新聞などで大々的に取り上げられ、いっそうチームに追い風を吹かせた。〝神ってる〟という言葉は独り歩きし、カープの快進撃を象徴するフレーズとして定着したのである。

この年、誠也の成長は大きかった。前年が97試合出場、打率・２７５、５本塁打だったのに対し、１２９試合出場、打率・３３５、29本塁打と大きく数字を伸ばした。こうした若手の成長はチーム全体に勢いを持たせる。誠也がその牽引役になったことは間違いない。

〝タナ・キク・マル〟の誕生

そして野手ではなんといっても〝タナ・キク・マル〟の誕生である。

私は前年までの〝キク・マル〟コンビに田中広輔を加え、これがハマった。

一番　ショート　田中広輔
二番　セカンド　菊池涼介
三番　センター　丸佳浩

この組み合わせを固定できたことで、３人の役割が明確になった。田中は一番としてとにかく出塁する。菊池は走者を進塁させて得点圏に送る。そして丸はその走者をホームに返す――ひとりひとりの役割が明確になったことで、選手に迷いがなくなった。打線が文字通り〝線〟になり、課題だった1点を取りにいく攻撃ができるようになった。

役割の明確化はキク・マルの復活ももたらした。前年２人はチームの主力としての重圧もあって大スランプに陥ってしまった。しかしこの年、私は２人に「自分の役割を果たしてくれればそれでいいから」と伝えるに留めた。菊池であればバントを決めてくれればいい。ホームランなんて狙わなくていい。丸に対しても、別にヒットを打たなくていい。外野フライで十分――。

それが余計な力を取り除いたのだろう。菊池は・２５４から・３１５に打率を上げ、丸は63打点から90打点とチームの勝利に貢献した。２人は自分に課された仕事に集中することで、輝きを取り戻すことに成功したのである。

そもそも私は前年から広輔を一人前に育てたいという想いを持っていた。広輔は社会人からの入団なので、菊池や丸に比べてプロとしてのキャリアが浅い。しかし3人は同い年であり、広輔が伸びてくれれば間違いなく菊池、丸を刺激して、いいライバル関係ができる。そんな３人がショート、セカンド、センターというセンターラインを形成することになればチームは確実に強くなる。私にはそういう読みがあった。

　言うまでもなく、このタナ・キク・マル結成のベースにあるのは、三村監督時代、野村謙二郎さんや江藤、前田智、金本ら同世代と切磋琢磨することで個人としても成績を伸ばし、同時にチーム力もアップしていったときの経験である。私は同年代だからこそ「こいつらには負けたくない」と思ったし、同年代だからこそお互い気兼ねなく話し合い、特別な絆を作ることができた。

　この頃からカープは勝利した試合の直後、選手同士がジャンプして尻をぶつけ合う〝ヒップタッチ〟というコミュニケーションが恒例になるが、その中心にはタナ・キク・マルの３人が常にいた。

　この年、彼らは27歳。ここにさらに安部友裕、野村祐輔らが加わった〝89年組〟がドンと中心に居座ることで、その上に黒田や新井といったベテラン陣、その下に誠也や野間や西川龍馬といった若手がいるという理想のチームバランスをカープは手に入れることになった。

〝逆転のカープ〟の本質

　シーズン前、私は「★開幕ダッシュ」「★接戦を勝ち取る」という重点目標を掲げ、開幕ダッシュは成功したが、では接戦についてはどうだったか？

その一番わかりやすい例が、前述の交流戦11連勝だろう。この連勝期間、コリジョンや誠也の「神ってる」など派手なニュースが多かったため圧倒的な勢いで勝ち進んだように見えるかもしれないが、実はそうではない。11試合中、2点差以内の勝利が8試合を数えているように僅差の試合を勝ち切っているのだ。

これに関しては、やはり勝利の方程式を確立できたことが大きい。3月31日の中日戦での継投失敗を経て、チームは4月の段階で7回ヘーゲンズ、8回ジャクソン、9回中﨑という陣容を固めることができた。そしてその前を今村や一岡が務めるという形も定着した。

これによってタナ・キク・マルだけでなく、投手陣も各自の役割が明確になった。後ろが安定したことで、チームは落ち着いて試合に臨めるようになった。その結果、競り負けていた試合をことごとく引き分けや勝利に持っていけるようになった。

後方が安定したことはチームをさらに勢いづけることになった。終盤でひっくり返す試合が増え、いつしか〝逆転のカープ〟と呼ばれるようになったのである。

〝逆転のカープ〟という代名詞は3連覇の間ずっと言われてきたことだが、データで振り返っても、２０１６年は89勝中45試合が逆転勝利、２０１７年は88勝中41試合が逆転、２０１８年も81試合中41試合が逆転で勝っている。これは先行逃げ切りがセオリーの野球というスポーツにおいて、非常に珍しい現象だ。

ただ、これに関しては少し誤解されているように感じる。〝逆転のカープ〟については「終盤打ってひっくり返す打線がすごい」とよく言われる。打力で勝っていると捉えられることが多い。でもわれわれが目指したのは〝守り勝つ野球〟なのだ。

先発が崩れて先行されても、中継ぎ陣が踏ん張って追加点を与えない。守備陣がミスなく守って、相手に流れを渡さない。そのうちに流れがこっちにやって来る。そして得たワンチャンスをきちんと活かす――つまり投手を中心とした守りの野球、ミスの少ない緻密な野球を徹底した結果、〝逆転のカープ〟というカタチが転がり込んできた格好なのだ。

この現象においても、年頭に挙げたスローガンは息づいている。

「結びに専念すれば、果が生まれ
果に専念すれば、苦が生まれる」

たとえば先発が崩れて、試合序盤で0-7という大差がついてしまったとする。そこで勝利という〝果（結果）〟にこだわっていたら、「今日はもうダメだ」と気持ちが切れてしまうこともあるかもしれない。しかし〝結び（行為）〟に専念していれば心は折れない。いくら大差がついていても自分の与えられた役割は変わらないのだから、それをしっかり果たすことに集中する。最後まであきらめないでやっていれば、いつか勝利が舞い込んでくるかもしれない。

投手であれば無駄なフォアボールを出さない。ひとつひとつ堅実にアウトをとっていく。守備陣もイージーミスをすることなく、確実に打球を処理していく。

打者なら、とにかくまず1点を取ることを考える。いくら大差の展開でも、ランナーを溜めてホームランを期待するような攻撃はしない。目の前の1点を狙う。それが入ったら次の1点を狙う。また1点、1点、次の1点……それを繰り返しているうちに、いつの間にかあれほど開いていた点差が詰まっている。向こうは次第に追い詰められ、こちらに流れが傾いている。あくまで目の前の1点を取るという〝結び〟を続けた結果として、逆転勝利という〝果〟がついてきた――それが〝逆転のカープ〟の本質なのだ。

あきらめないファンによる後押し

ちなみに1点を取るための攻撃力をつける対策はシーズン前から練っていた。

まず、一軍打撃コーチを変更して、石井琢朗、東出輝裕、迎祐一郎の3人体制にした。彼らにはとにかく選手に〝振る力〟をつけさせるよう指示し、バントや右打ちなど、ベンチからのサインにきちんと対応できるケースバッティングの技術も植え付けてもらった。ミーティングでは「まずは1点から」という意識を徹底し、1点を取るために何をすればいいのか――三振を減らし、とにかく前に転がすこと、三振するにしても簡単に三振しないことの重要性を訴えた。

こうしてできあがった〝逆転のカープ〟というイメージはわれわれの予想を超えて、独り歩きしていく。

何度も逆転が続いたせいで、いくら負けている試合でもファンは「今日もまた〝逆転のカープ〟があるかも」と思ってゲームセットまで席を立たなくなったのだ。これまでなら大量得点差がついてしまえば、早々に帰り支度をはじめる観客が少なくなかった。しかし今は誰もあきらめない。負けていても、雨が降りはじめても、「きっと今日もやってくれるはず」とチームを信じて球場から帰ろうとしない。

そして、チャンスになると「ついに来た！」と応援にますます熱がこもる。それが選手の背中を押し、球場が一体となって相手チームに襲い掛かる。

相手チームにも〝逆転のカープ〟というイメージが刷り込まれているため、試合序盤でリードしていてもいつかひっくり返されるんじゃないかという不安がある。しかもマツダスタジアムでは試合終盤になればなるほど応援は熱を帯び、「そらきた！」とばかりに畳みかけてくる。これでは相手選手も萎縮してしまって、普段通りのプレイなどできないだろう。

いま思っても、本当にファンの声援はありがたかったし、心強かった。私が現役時代、虎党の熱気渦巻く甲子園球場で味わった威圧感を思えば、敵としてマツダスタジアムで戦うことは間違いなくやりにくい。

実際ホームとロードの勝敗表を見比べると歴然としている。この年のカープは、ホームのマツダスタジアムでは51勝20敗1分け、ロードでは38勝32敗1分けという成績を残している。ホームは7割を超える勝率で、貯金を30以上作っている。

私は過去のデータから、優勝するための条件として「スタートダッシュ」「夏場の戦い」「ホームゲーム」というポイントを割り出したが、ファンの後押しを受けたホームゲームでの圧倒的な強さによって優勝がグンと近づいたことは間違いない。

私自身も〝逆転のカープ〟という呼称は非常に誇らしいものに感じていた。逆転を信じるということは、決して試合をあきらめないということだ。ときにはファンの熱意が選手に伝わり、奇跡的な逆転劇を演出してくれた。「だって俺たちは〝逆転のカープ〟なんだから」というプライドが選手とファンの間で共有され、それが心の大きな支えになっていたのだ。

これは後の話になるが、広島は２０１８年7月、豪雨災害に見舞われ、多くの人が命を落とした。カープもホームゲームの3試合が延期となった。そんな苦しい時期、少しでもわれわれの戦いぶりで市民のみなさんを励ますことができれば、最後まであきらめないスピリットで被災された人たちを勇気づけることができれば——。

実際に被災者の方々の力になれたかどうかはわからないが、そのとき私は〝逆転の広島〟を体現したいという想いをいっそう強くしたのだった。

優勝を知らないから「結び」に専念

優勝する年というのは、めでたい節目も重なるものだ。

チームは6月に首位に立って以降、2位以下を引き離し、6月末には9ゲーム差をつけるまでになっていた。7月23日には黒田が日米通算２００勝を達成し、8月2日には新井が通算３００本塁打を達成した。新井については4月26日に２０００本安打も記録しており、両ベテランの慶事はチームの雰囲気をいっそう明るくしてくれた。

勝利という結果が出はじめたことは、チーム全体に「この方向性で間違いない」という確信をもたらした。最初は半信半疑だったかもしれないが、確かに〝結び〟に専念したことで〝果〟が付いてきた。前年はあれほど〝果〟を追い求めて届かなかったのに、〝果〟を手放して〝結び〟に集中することで勝利が付いてきた。チームも個人も結果が出た。

それによって誰もが、より深く自分の〝結び〟に専念するようになった。自分に与えられた役割を十分に果たすようになった。なぜなら「そうすれば勝てる」ということが心の底から納得できたからである。私自身もこの段階で、自分を信じ、自分の道を歩いていけば結果が出るということを今一度痛感した。

各自が真剣に〝結び〟に集中することでチームにはスキがなくなった。7月は13勝8敗、8月は17勝8敗と疲れの出る夏場も勝利を重ねた。ファンや評論家の中にはどこかで失速すると思っていた人もいたようだが、そんなことはなかった。9月に入る頃には2位の巨人と12ゲームの大差がついていた。

このときカープは独走態勢を築き上げていたが、チームに慢心はなかった。「これで行けるぞ」という感触は最後の最後までなかった。選手もコーチもスタッフも、そして私も、日々自分のやるべきことに集中していた。

それとは裏腹に周囲の喧噪は拡大していった。8月上旬に巨人に4・5ゲーム差に迫られたときは、「メークミラクルの再来か?」と煽り立てた。9月に入るといつマジックが出るか話題になった。25年ぶりの優勝に向けて、広島の街はお祭り騒ぎだった。

優勝を果たした後、「プレッシャーはなかったんですか?」とよく聞かれた。シーズン終盤、重圧を感じて固くなることはなかったんですか? 追ってくる巨人に抜かれるんじゃないかと不安にならなかったんですか?——と。

その質問に素直に答えれば、われわれはプレッシャーを感じる余裕さえなかったということである。たとえば何ゲーム離していたら安心なのか、マジックと残り試合数の関係をどう考えるのか、私たちは優勝した経験がないので誰ひとりわからなかった。優勝慣れしたチームであれば、残り試合が少なくなった段階で投手陣にスクランブル体制をとらせ、先発も中4日で回していくのかもしれないが、「こうすればいい」という前例を知る者が誰もいないのでそうした作戦もとりようがなかった。

だからわれわれはこれまでと同じように目の前の〝結び〟に専念するしかなかった。1試合終えると、勝ち試合であれ負け試合であれたくさんの反省点が出る。それを反省・分析して、次に向けてしっかり準備する。それをひたすら繰り返すしかなかった。

私は選手に「あと何試合で優勝するぞ」とか「マジックが出たぞ」ということは一言も言わなかった。私が話したのは常に目の前の試合のことであり、毎日は何ひとつ変わらないルーティンの繰り返しで進んでいった。

優勝を知らないわれわれにはそれしかできなかったし、だからこそ余計な煩悩に惑わされることなく、頂点への道を歩むことができたのかもしれない。

優勝は最後の瞬間まで信じられなかった

本当にどうしてこの年、カープは優勝できたのだろう？

育った選手が次々とＦＡで抜ける悔しい時代を経験したファンからは、「もうカープは二度と優勝できないと思っていた」という声をよく聞いた。黒田と新井が復帰し、マエケンも残った2

015年に優勝できなかったことで、「やはりカープに優勝は無理なのか……」と絶望したという声もよく聞いた。しかし2016年、カープは優勝できた。

まず球団の長い努力の歴史を忘れてはならない。コツコツと若手を育て上げ、マツダスタジアムが完成し、ファンと一体となって戦う環境が作られた。そこに黒田や新井が帰ってきた。誰もがそれぞれの場所で自分の役割を果たし、それらすべてが2016年のタイミングで結びついた——。

自分が監督をしている時期に優勝できたのは、本当に運がよかったとしか思えない。私が特別な何かをやったわけではない。野村克也さんの名言で「勝ちに不思議の勝ちあり、負けに不思議の負けなし」というものがあるが、それに照らせばまさに「優勝に不思議の優勝あり」である。

優勝はゲームセットの瞬間までまったく信じられなかった。

9月10日、東京ドームでの巨人戦。中﨑の投げたボールを亀井善行が打ち、ショートの広輔がワンバウンドでキャッチ、それが新井のファーストミットに収まってゲームセット——その瞬間、やっと私の胸に「やったんだ」という想いが込み上げてきた。

私たちは喜びを爆発させた。その後、胴上げやビールかけをすることになるが、それもほぼ初めての経験だったので不思議な感じだった。優勝の仕方も知らないのだから、ビールかけのやり方もわからない。選手も含めてカープに関わる者全員が、手探りで互いの健闘をたたえ合い、優勝の歓喜を噛みしめた。

「広島のみなさん、そして全国のカープファンのみなさん、本当に長い間お待たせしました。おめでとうございまーす！」

優勝直後のインタビューで、ファンに向けてのメッセージを求められた私は絶叫した。その言葉はあらかじめ考えていたものではなく、その場で口を突いて出たものだった。

のちのち、多くの人からあのときのファンへのメッセージが「ありがとうございます」ではなく「おめでとうございます」だったことを指摘された。その言葉が口から出たということは、私の中で「ありがとう」より「おめでとう」と言いたい気持ちの方が強かったのだろう。

この試合では胴上げの直前、黒田と新井が涙を流しながら抱き合っている姿が話題を呼んだ。私には2人の気持ちが痛いほどよくわかった。

私も現役生活の晩年は、引退するまでに優勝したい、それだけだった。自分の成績よりチームが優勝することが一番だった。

この年を最後に黒田は引退するが、彼は幸せだったと思う。黒田は日米通算20年に及ぶ現役生活の中で、一度もリーグ優勝の経験がなかった。これで自分にとって最大の夢を最後に叶え、心置きなくユニフォームを脱げる。

私は涙している2人を見て微笑んでいた。「よかったな」と思ったし「ありがとう」とも思った。２人の頑張りがなければ優勝することはできなかった。

私はこの日、一滴も涙を流していない。

この日は安堵の気持ちが強すぎて、泣ける余裕などなかったのである。

監督とは責任を取る仕事である

25年ぶりのリーグ優勝を果たしたカープはその勢いを駆って、ＣＳ、そして日本シリーズへと進んでいく――のだが、その前に少し立ち止まって、改めて監督という仕事について記してみたい。この章は２０１６年シーズンを通して、私が優勝するために監督として何をやってきたかを中心に書いてきた。その中で「監督とはどうあるべきか？」という問題についても考えた。

監督とは何をする仕事であろうか？

結局のところ私にとって監督とは「責任を取る仕事」というところに帰結する。

野球の世界は結果というものが厳然と出るものだが、勝てば選手のおかげ、そして負ければ監督の責任である。それを言葉を濁すことなく、言い訳することなく言い切れるかどうか。それは自分のスタイルとして、５年間意識してやってきたつもりである。

ただ、就任1年目はそれができなかった。選手がサインを見落としたりエラーをして負けたりすると、「どうしてそこでミスしてしまうんだろう？」と思ったし、最終戦の1安打敗戦でファンやメディアから叩かれたときも「どうしてこんなに打てないんだろう？」と自問自答を繰り返した。

しかし、かといって選手には「打てなかった俺のせいで負けました。俺の責任です」なんて言ってほしくなかった。だったら「全部私の責任です」と言い切った方が自分の性格的に合っていた。全部自分の責任として引き受けるのなら、人に任せるより自分で決めた方が悔いが残らない。私自身が決断を下し、私自身が責任を負う。だから私はすべての作戦をベンチからサインで指示するスタイルを採用したし、選手に二軍行きを伝えるときも自分の口から伝えることを自らに課した。

さらにこちらが責任を持って「私のせいで負けました」と言えるためには、チームに対してできることを徹底的にやっておかなければならない。選手のことを徹底的に見て、相手チームのことを徹底的に調べて、コーチには選手にやらせるべきことを徹底的に伝えていなければならない。自分が責任を取るのだから、すべてを自分で把握して、コーチなども使いながらチームに徹底的に関与しておかなければならない。

松下幸之助も以下のように言っている。

「長たるものは、すべての責任をみずからが負うのが当然。〝それは私の責任です〟と言い切れているかどうか」

組織の長は責任を負うことが仕事であり、「それは私の責任です」と言えるほど組織に深くコミットしている必要がある――それが私の〝監督論〟の根幹である。

だから監督というのは非常に孤独である。たとえ苦しいことがあっても、選手時代であれば選手同士、コーチ時代であればコーチ同士で愚痴を言い合ったりすることで解消できるが、監督にはそれをできる相手がいない。結局最後はひとりで決断しなければならず、その決断が失敗に終われば批判の矢面に立たされることになる。

監督だから仕方ないとはわかっていても、各方面から叩かれたりなじられたりするのはつらいものだ。今はテレビや新聞といったマスメディアだけでなく、インターネットやＳＮＳというものがあるのでファンの声が直接届く。

しかしそれはチームに対する期待の裏返しでもある。プロ野球全体を眺めても、こうした痛みを共有できる人間は全部で12人しかいないのだ。そのことを胸に刻んだ上で、監督は日々の孤独に耐えながらやるべきことをやっていかなければならない職種なのである。

日々のストレスとの戦い

監督として勝負の責任を取るために、日常生活でも変化があった。

たとえば監督時代、私はマスコミと一定の距離を保つようにしていたが、そういう姿を見て私のことを無口で不愛想、気難しい人間だと感じた人が多かったようだ。確かに私は陽気でおしゃべりなタイプではないが——そういう意味では寡黙なイメージの強かった三村監督と近いかもしれない——それは性格的に人見知りしてしまうというだけであって、別に笑わないわけではないし冗談が嫌いなわけでもない。

しかし監督を務めるとなると話は別である。私が怖れたのは取材などで必要以上にチームについて話すことで、相手に情報が渡ってしまうことだった。現代の野球は高度な情報戦と書いたが、そうであるならばこちらの手の内はなるべく向こうに見せたくない。私が上機嫌なのか、はたまた動揺しているのかといった本音もポーカーフェイスで知られない方がいい。

その結果、私はマスコミに対して極力情報を出さないようにした。緒方孝市という人間は近寄りがたいキャラクターであるように振る舞おうとした。あれは勝負の責任を背負う組織の長だからこそ創り上げた、職業上のスタイルなのである。

だからこの本を読んで、あの緒方がここまで赤裸々に、雄弁にチームの内実を語っているということに驚く人もいるだろう。本来、私は無口でもなんでもないのだ。監督という職務を終えた今、やっと普段の自分に戻れたというだけである。

では、私は監督として普段どのような1日をすごしていたか。ここでは簡単に試合のある日の1日の流れを書いていこう。

ホーム・マツダスタジアムでナイターがある場合、朝に球場入りして最初にやるのは、監督室でその日の対戦相手の映像を見る作業である。

最初に今日の先発投手の映像を見る。最低でも過去3試合分を繰り返し見る。過去から現在に至るまでの映像をチェックしながら、「調子が上がってきてるな」とか「どうしてこんなに大量失点が続いているんだろう？」といった分析を行う。それと並行して打者も見る。代打に至るまで全員見る。

その時間がほぼ午前中いっぱい続く。それから相手チーム担当のスコアラーを呼んで各選手の詳しい状態を聞いたり、攻略法を決めたりする。スコアラーはその話を元にピッチングコーチや打撃コーチ、走塁コーチらに今日の作戦を伝え、選手たちに徹底してもらう。この時点でだいたい正午を回っている。

選手は昼頃球場に入るが、そのタイミングで今度はトレーナーがやって来る。相手チームの状況を全部知っているのがスコアラーなら、自チームの選手の状況を把握しているのがトレーナーである。彼らから「昨日痛めたところがまだ回復していません」とか「今日の試合いけそうです」といった選手のコンディションについての報告を受ける。

それを参考に13時からのスタッフミーティングでオーダーを確定する。そして改めてその日のプランを確認する。

14時前には練習がはじまるので、グラウンドへと向かう。各選手の状態をこの目で確かめ、気になっている選手には声をかける。試合前の最終確認といったところである。

そして試合スタート。

試合が終わっても、すぐに帰れるわけではない。その日の試合の映像を最初から最後まで全部見直す。そこにスコアラーが入ってきて「やっぱりこうだったな」と作戦の反省をしたり、コーチを呼んで「あそこがダメだったな」と問題点を共有することもある。正式な反省は翌日改めて行うが、試合が長引いて時間が足りないときは、スコアラーやコーチに翌朝早めに来てもらって、気になるところを確かめたり改善策を話し合う。なので家に帰れるのは試合が早ければ23時、普通は24時前後である。

試合のある日は毎日この作業の繰り返しだった。映像分析→戦略立案→現状確認→準備→試合→反省――この繰り返し。仕事なので苦ではなかったが、疲れているときは映像を見ながら気を失っていることもあった。とにかく試合以外の多くの時間、映像とニラメッコしているので、夕バコとコーヒーが欠かせなかった。監督時代、私は1日タバコを60本吸い、コーヒーを20杯近く飲むというとても健康的とはいえない生活を送っていた。

心の拠り所となった「行」と「本」

監督というのはとにかくストレスの多い仕事であり、「どうやってリフレッシュしているんですか？」という質問はよく受けた。リフレッシュというわけにはいかないが、私の大きな心の拠り所になってくれたものに〝行《ぎょう》〟と本の2つがある。

まず行についてだが、この年のスローガンを決めた際に述べたように、私はコーチ時代から大阪の箕面《みのお》にある真言宗天王山・命教寺の植田真光住職のもとへ、行に通うようになっていた。

行と言えばカープファンにとってはシーズンオフの護摩行が有名である。よく選手たちが足を運んでいるのは鹿児島にある真言密教のお寺、総本山烏帽子山《えぼしざん》・最福寺で、ここには池口恵観《えかん》住職がおられる。池口住職は三村監督と懇意だったこともあって、私も選手時代にお世話になった。同時期に佐々岡、江藤、金本など多くの選手がここで護摩行を受け、それが新井や會澤などに引き継がれているという格好である。

私はコーチになって以降、日々の多忙さもあってしばらく護摩行から遠ざかっていたが、あるとき知人に誘われ、今度は植田住職のところに通うようになった。

植田住職との出会いによって、当時の私がどれだけ助けられたかわからない。

私はコーチ時代、常に苦しい精神状態にあった。なかなか結果が出ない。何が正しい指導法かわからない。たとえ何かを学んだとしても、ひとつの問題が解決すればすぐ次の問題が現れる。きりのない勉強、次から次へと出てくる課題……。

それは選手時代から同じだった。私は常に何かに追い立てられるように生きてきた。不安と焦燥と緊張の中で生きてきた。だからいつでも苦しかった。

そこに恩師である平野監督の死が加わった。私はもう自分を支えきれなくなっていた。この胸に空いた空洞にどう向き合えばいいのか……足は自然と大阪に向いていた。私は燃え盛る炎に顔を焼かれ、雑念を振り払うように真言を唱え続けた。自分自身を焼き尽くすように、ただひたすらに行に打ち込んだ。

激しい炎と対峙した後の対話の中で、住職から教わった言葉が腑に落ちた。

「人生は行であり、日々が行であるならば、行に終わりはなし」

行というのは、修行ということである。修行といえば、座禅や滝に打たれる滝行、山にこもって歩き続ける千日回峰行などが思い浮かぶが、それに留まらず人生そのものが修行なのだとこの言葉は伝えている。

そうか、生きていくこと自体が修行なのだから苦しいのは当たり前か。修行に終わりがないということは、一生学び続けていかなければならないということか——。

恩師の死という危機から私を救ってくれたのは、言葉だった。植田住職のくださった言葉がギリギリのところで私を踏み止まらせ、もう一度前を向かせてくれた。このフレーズは今も心の支えとして、私の中で生き続けている。

そんな苦しい時期を経て、監督になって以降も私は月に1度のペースで寺に足を運び、護摩行に励むことを習慣にした。主に試合と試合の移動日である月曜日に大阪で途中下車して立ち寄ることが多かった。

行のいいところは立ち昇る炎と向き合うことで、その炎に身を委ねられることである。基本的に監督は頭の中で常に何かを考えている。松下幸之助は「休みの日に体は休めても、頭まで空っぽにするな」と言っていたが、興奮状態にある頭は逆に休めようと思っても休まらず、休日でもチームのことについて思案を巡らせているのが通常である。

しかしそれでは心身が疲弊してしまって、いいアイデアなど思い付かない。そんな中で行に没頭すると、頭の中をカラッポにできる。そしてリセットされた心で住職と会話していると、これまで悩んでいたことに答えが見つかったり、「あそこが試合のポイントだったな」「どうしてあそこで選手に声をかけておかなかったんだろう？」といった気付きがフッと訪れる。

この年のチーム運営の指針となった、

「結びに専念すれば、果が生まれ
果に専念すれば、苦が生まれる」

という言葉に関しても、行の後の会話の中で住職から教わり、「これだ！」と心に入ってきたものだった。

私は掻き乱された心を護摩行と説教でフラットにし、新たな気持ちで物事を捉え直すことができた。そして再び試合の待つ日常に向かい、頭が混乱してくるとまた行に励んで思考の垢《あか》を洗い落とすという行動を繰り返した。

もうひとつの心の拠り所になったのは読書であるが、それも行の話と関係している。

私は悩み苦しんだコーチ時代、自分が抱えた問題を解決するヒントを求めてさまざまな本を手に取った。植田住職がかけてくれた言葉が救いになったように、私は自分を支えてくれる言葉を懸命になって探していた。

言葉はどんなにきついときも、どんなに苦しいときも、時間と場所を問わず私の心を鎮めてくれる存在だった。哲学書からビジネス書まで私は多種多様な本のページをめくり、ヒントを探した。

コーチから監督になった後も、私は本を読み続けた。監督として誰にも悩みを話せないぶん、本の重要性はさらに高まり、主に先人たちの言葉の中に答えを求めようとした。本書でもよく引用している松下幸之助を筆頭とする経営者、孫子などの戦術家、戦国武将の生きざま、弘法大師（空海）といった僧侶……その中で心に引っかかる言葉があれば、すぐにノートに書き写した。

試合の日の朝、起きて気持ちを落ち着かせたいときは、改めてその中の気に入っているフレーズをノートに写した。気持ちが乗らない日は自分を奮い立たせるため、別のフレーズを書き写した。

それはまさしく〝写経〟のような時間だったが、そういう時間を持つことで私は心を整えようとした。

ものの見方や考え方、気分や思考を切り替えるには、言葉は最適なツールである。特にさまざまな経験をした先人の本にはヒントになる言葉が必ず眠っていて、それが私の目を開かせてくれたり、私の決断を肯定してくれたりした。

監督として私を助けてくれた行と本は〝言葉〟という部分で共通している。私は言葉に助けられ、言葉を拠り所に監督業を続けてきたのである。

愛犬〝優勝くん〟がくれた癒し

私は護摩行と書籍の2つによって心を整え、監督としての職務に努めたが、それ以外にもうひとつ大きな支えが存在した。それは監督生活の途中に、思いがけず私の元に飛び込んできた。

あれはこの年の5月のことである。

監督初年度の２０１５年を終えて、私はとにかく疲れ切っていた。1年間監督をやってあまりの激務に心身が摩耗していたし、ファンの期待に添えなかったことで気持ちも深く沈んでいた。新シーズンがはじまってまずまずの滑り出しを見せたものの、この先はどうなるかわからず、私はいまだ強いプレッシャーの中にいた。

そんな5月のある日、デーゲーム終わりでショッピングセンターに立ち寄った。買い物を終えて駐車場に戻ろうとしたとき、ふとペットショップにいる一匹の犬と目が合った。私はいったん車に帰ったが、どうしても気になってもう一度ケージの前に行き、生後3ヶ月の黒いフレンチブルドッグを見つめた。不思議と心惹かれる犬だった。

家に帰っても、どうしてもその子のことが気になって仕方がない。それは初めての気持ちだった。私は翌々日、その店に行って彼を譲り受けることにした。私の妻はペットアレルギー持ちで嫌がったが、「俺が面倒をみるから！」と言い張ってなんとかＯＫをもらった。

私は彼に〝優勝〟という名前を付けた。当時はカープで優勝したい一心だったので、即決だった。みんな彼のことを〝優勝くん〟と呼んでかわいがった。

優勝は家族の雰囲気をガラリと変えた。先ほど私の１日のスケジュールを書いたが、それを見てわかるように、監督という仕事をしていると家族と一緒にすごす時間などほとんど持てない。１年の半分が遠征な上、広島にいるときですらあの調子なのだ。だから「俺が面倒をみるから犬を飼う」と言っても実際は常に面倒をみることなどできないし、家族の助けを借りることになる。

優勝が来てくれたおかげで、家族の会話が大幅に増えた。うちは妻の他に長女、次女、長男と３人の子供がいるが、みんなで協力して優勝の世話をするようになった。それまでＬＩＮＥなどほとんどしなかったのに、家族でＬＩＮＥグループを作り、今日は体調がいいとか悪いとか、「歩いたよ」「ウンコしたよ」といったことをワイワイ話し合った。優勝は緒方家の手のかかる末っ子として、みんなのアイドルになったのである。

優勝は家族の絆も深めてくれたが、私にとっては本当に癒しになった。自宅と球場の行き来だけの生活の中、私は監督として誰にも言えない悩みを抱え、悶々《もんもん》とした時間をすごしていた。試合に敗れたときなど、悔しい気持ちをどこにぶつけていいかわからず持て余していた。

それがみんなが寝静まった家に帰ると、優勝が待っていてくれるのである。部屋で優勝の世話をして、優勝と一緒に遊んでいると、誰にも言えない葛藤や不安がいつのまにか薄れていった。

優勝をだっこし、その体温に触れていると、心の底から安堵した。私は遠征に出ていても「早く家に帰って優勝に会いたいな」「優勝何しているかな」と思うくらい、優勝のことを大切に思うようになっていた。

また、優勝が来たことで早朝、優勝を散歩に連れていくという習慣ができた。散歩をしていると自然と頭が整理され、「今日はこういう打順でやってみようか」といった新しいアイデアが浮かんだ。優勝といることで心が穏やかになり、気が付けばポジティブになれている自分がいたのだ。

これはまったくの偶然でしかないが、5月に優勝がわが家に来て、翌6月に誠也の「神ってる」が発生する。その年に25年ぶりの優勝を果たし、それは3連覇へと続いていく。

ここで「優勝がわが家に来たから優勝したのだ」と言うのは親バカでしかないが、それでも私の監督時代、優勝が大きな支えになってくれたことは間違いない。私にとってカープの監督を務めた日々は〝優勝と歩んだ日々〟と言い換えていいくらい重なっているのである。

これまで私なりの監督論について書いてきたが、最後に「監督に必要な条件とは何か？」について答えたい。

いくつか挙げられると思うが、私は一番は経験だと思う。

現役として長いキャリアがあっても、コーチとしてのキャリアがあっても、やはり監督としての経験は欠かせない。私自身、もちろん監督1年目に優勝できればよかったが、あの失敗がなければ2年目の優勝はなかったし、2年目の優勝があったから3年目、そして3年目の戦いがあったから4年目、とすべては連続的につながっている。

だから大事なのはとにかく経験することだ。負けて学ぶことはたくさんあるし、勝つことで初めて見えるものもある。だから勝たないとダメだし、負けないとダメだ。物事は表裏一体。いいことも悪いことも含めてどれだけの経験をしてきたかで、その人の度量は作られるものである。

監督として25年ぶりのリーグ優勝を経験したこの年、私は今度は初めての経験となる日本シリーズを戦うことになる。

短期決戦の困難を痛感

9月10日にリーグ優勝を決めたカープは、そこから1ヶ月後、ＤｅＮＡとのＣＳファイナルステージを4勝1敗（うち1勝はアドバンテージ）で制し、こちらも25年ぶりとなる日本シリーズに駒を進めた。

日本シリーズ進出決定の3日後の10月18日には、黒田が今シーズン限りで引退することを発表した。勝っても負けてもこの日本シリーズが最後の試合になる。これでまたチームが一丸となって、いい形で黒田を送り出してやりたいという気持ちは私の中にもちろんあった。

そんな日本シリーズに向けて私が思っていたのは、日本シリーズでも一試合一試合自分たちの野球をやっていこう、ということである。もちろん短期決戦にはシーズン中とは異なる流れがあるということはわかっていたが、ここでいきなりこれまでやったことのないことを試したところでモノになるはずがない。

私は住職との対話の中で会得した、自分を信じるということ、自分を信じて行動を起こすということ、それを北海道日本ハムファイターズとの戦いでも貫くことにした。

結果から先に言えば、日本シリーズは2勝4敗で敗れることになった。シリーズの展開は以下の通りである。

・第1戦（広島）　広島5－1日本ハム
・第2戦（広島）　広島5－1日本ハム
・第3戦（札幌）　日本ハム4－3広島
・第4戦（札幌）　日本ハム3－1広島
・第5戦（札幌）　日本ハム5－1広島

・第6戦（広島）　広島4-10日本ハム

CS勝利の余勢を駆って地元・広島では2連勝した。第1戦は相手先発の大谷翔平から足を絡めた重盗で先制点を奪い、松山竜平とエルドレッドのホームランで打ち崩すという展開だった。第2戦は田中広輔の本塁憤死の判定がリプレイ検証でセーフに替わり、決勝点をもぎ取った。どちらも広島らしい足を使った攻撃と投手を中心とした守りが機能した理想的な勝ち方だった。

その流れをビジターの北海道でも続けたかったが、第3戦を延長10回、大谷のサヨナラタイムリーで敗れると、そこから次々と僅差のゲームを落としてしまった。第4戦は1-1の投手戦の中、8回裏にセットアッパーのジャクソンがレアードに一発を被弾した。第5戦も投手戦となり1点リードで終盤まで進んだが、7回に今村が打たれ同点に追いつかれると、9回、守護神の中﨑が2死満塁から西川遥輝に右翼スタンドに運ばれた。

そしてホーム・マツダスタジアムに戻り巻き返しを図った第6戦、4-4の8回2死満塁からジャクソンが中田翔に押し出し四球を与え、さらに投手のバースにタイムリーヒット、そして再びレアードにダメ押しとなる満塁ホームラン――この回一挙6点を奪われ、日本一の夢は断たれた。

シリーズを振り返って、カギになったプレイというのはいくつかある。

たとえば第3戦、2－1のリードの場面、終盤になっても松山をそのまま守らせたことで、中田翔のヒットを後逸。逆転のランナーまでホームに返してしまった。やはりあそこは守備固めをしておくべきだったと思う。

第4戦では1－1の同点で迎えた8回表、無死1塁で鈴木誠也に送りバントを指示したが、誠也はサインを見落として初球をフルスイング。結局走者を送れずチャンスを潰し、逆にその裏に決勝弾を喰らってしまった。短期決戦ではこうしたミスが命取りになるという好例だが、私自身も大一番で舞い上がっていたのか、なぜあそこでサインへの注意を徹底できなかったのか悔いは残る。

連投の疲れから、シリーズ後半に救援陣が崩れてしまったのも私のミスだ。初戦から最後の第6戦まで、今村とジャクソンは全試合に登板し、中﨑は第1、2、5戦の3試合に投げた。どの試合も接戦が続いたことで信頼できる投手を投入せざるを得なかったのだが、私は彼らに頼りすぎてしまった。短期決戦では中継ぎより後ろにさらに1～2人、信頼できる投手を用意しておく必要性を改めて認識した。

特にこのシリーズは僅差の展開が多く、ピンチの後にチャンスあり、チャンスの後にピンチありという場面が数多くあった。ミスをすれば流れを手放し、一度手放してしまった流れを引き戻すのは難しいという野球のセオリーを痛感させられる試合ばかりだった。

最終戦での悔やみきれない記憶

この年の日本シリーズに関しては、負けたことは自分とチームの力量のなさだと受け止めているが、かといってすべてが悪かったかといえばそうでもないと私は思う。勝負事なので勝負が終われば結果は出るし、結果は真摯《しんし》に受け止めなければならない。勝負がついた後にできるのは、自分たちができたこと、できなかったことをしっかり消化し、次に向けて何をやっていくのか、その経験を糧とするだけである。

ただし、このシリーズでは非常に悔しい経験をした。それは私の中で、深く記憶に刻まれている。

それは最終戦となった第6戦のことだ。試合は4－4の緊迫した状態で終盤に入っていた。われわれは3連敗したことで、この試合に負けたら日本シリーズは終わってしまうという瀬戸際に立たされていた。

8回表、マウンドに送ったジャクソンは2死を取った後、3連打を浴びて満塁のピンチを迎えた。そこで中田翔にストレートのフォアボールを与え、押し出しで4－5と日ハムに勝ち越しを許してしまった。

確かにそれは痛恨の失点ではあったが、しかし1点差であればまだよかったのだ。ここで踏ん張ることができれば、こちらには8回裏、9回裏と2回の攻撃が残っている。挽回のチャンスはあったのだ。

だが、次の打席に立ったのは予想もしていない男だった。その前の回、マウンドに上がったばかりの外国人セットアッパー、バース。彼がそのままバッターボックスに立ったのである。そのことでわれわれもジャクソンも混乱した。ついさっきまでネクストバッターズサークルには大谷が待機していた。誰もが大谷が代打で出てくるとばかり思っていた。

しかし大谷はベンチに引っ込んで、バースがそのまま打席に立った。一体何が起こっているのか？　ＤＨ制で打撃の機会のないパ・リーグの投手が打席に立つというのはどういうことか？当然ながら中継ぎ投手の打撃データなど、カープのスコアラーは持っていない。

そのバースにセンター前に弾き返された。タイムリーヒットを打たれた。それはＤＨ制下の投手による、まさかの痛打だった。

相手の栗山英樹監督は大谷を出すと見せかけて投手にそのまま打たせるという意外性に満ちた作戦を決行したのだった。それはこちらの動揺を誘い、さらにその外国人投手が快打を打つことでこちらの心を砕いた。

ベンチから見ても、マウンドでジャクソンがショックを受けているのがわかった。しかしそこで代えようにも、次の投手の準備ができていなかった。この回はジャクソンに託すつもりで送り

2016年10月29日(土)広島×日本ハム ●マツダスタジアム
日本シリーズ第6戦［広］2勝4敗0分

	1	2	3	4	5	6	7	8	9	R
日本ハム	1	0	0	3	0	0	0	6	0	10
広　島	0	2	0	0	1	1	0	0	0	4

勝投手：バース（3勝0敗）　敗投手：ジャクソン（0勝2敗）
本塁打：［日］レアード3号（8回4点 ジャクソン）　［広］丸1号（5回1点 鍵谷）

出したため、投手交代の想定をしていなかった。

もちろん、あそこは準備ができていなくても、無理にでも別の投手に代えなければならない場面だった。ジャクソンはガックリきていたし、完全に気落ちしていた。だが、私も張り詰めた糸が切れたような状態になっていた。投手に打たれて追加点を取られてしまう展開に、心が追い付いていなかった。頭が真っ白になって、思考が途切れてしまった。あの瞬間、私の中でどこか勝負をあきらめてしまったところがあったのかもしれない。

そしてマツダスタジアムが大きな悲鳴に包まれる中、レアードのグランドスラムがレフトスタンドに突き刺さった――。

これまで私はずっと選手に言い続けてきた。最後まであきらめることなく、戦う姿勢を持って全力でプレイしなければならない、と。それが応援してくれるファンに対してわれわれができる最低限の礼儀だ、と。

選手たちは精一杯戦ってくれた。全力の限りを尽くしてくれた。だが、最後の最後で指揮官の心が折れてしまったのかもしれない。

そのことは悔やんでも悔やみきれないことだと今も痛切に感じている。

優勝のその先にあった光景

その日は雲ひとつない秋晴れだった。

われわれはスタート地点となる平和大通り、広電西観音町電停付近で待機していた。私はオープンカーの後部座席に松田元オーナーと並んで座っていた。私たちの後ろには選手たちが分散して乗る、側面に「共に祝おう。」と書かれた屋根のない2階建てバスが5台ほど続いていた。

午前10時半、車はゆっくりと進みはじめた。41年ぶりとなるカープの優勝パレードがはじまろうとしていた。

パレードが行われたのは日本シリーズで敗れてからちょうど1週間後のことだった。

その頃、私はまだ悔しさを引きずっていた。せっかく日本シリーズまで進んだのに日本一を勝ち取ることができなかった。しかも最終戦では再び無残な姿をさらしてしまった。一体どんな顔でファンの前に出ればいいのか？　そもそもあんな負け方をして祝ってもらえるのか？　また罵声を浴びせられるのではないか？……正直なところ、一抹の不安を抱えながら本番の日を迎えた。

しかし当日、私の目の前に広がっていたのは、これまで見たことがないほど真っ赤に染まった風景だった。沿道は赤いユニフォームを着た人で埋め尽くされ、旗を振りながらこちらに向かって声を張り上げている。

「緒方さん、ありがとう」

「緒方、来年もたのむぜ！」

たくさんの笑顔とたくさんの感謝の言葉が私たちを迎えてくれた。大通りの左右に建つマンションにもユニフォームやタオルが吊るされ、ベランダで手を振る人がいた。後で知ったが、パレードには31万３０００人もの人が集まってくれたという。私は声援に応え夢中で手を振り続けたが、40分ほどのパレードが終わる頃には手が上がらなくなっていた。

そのパレードの間、私はずっと言葉にならない想いに包まれていた。本来ならこちらが「1年間の応援、ありがとうございます」と伝えるはずのパレードなのに、逆に私たちがファンから「ありがとう」「ありがとう」と声をかけられている。チームに対する恩返し、ファンに対する恩返しとして引き受けたはずの監督業なのに、私の方が「ありがとう」と感謝されているのはどういうことだろう。

沿道には涙を流している人の姿もあった。若いカップルはもちろん、親に連れられカープ帽をかぶった小さな子供たちもいた。おじいさんもいれば、おばあさんもいた。

中には遺影を抱えている人もいた。この25年間、私たちが期待を裏切り続け、優勝に間に合わなかった人たちの写真を抱いてこちらを拝んでいる人の姿もあった。

この景色のために戦ってきたんだな——そんな感情が自然と湧いた。

これまで私は「優勝したい」という一心で戦ってきた。現役時代からコーチ時代、監督時代と目標は常に優勝で、それ以外は眼中になかった。優勝だけが人生の目的と言っていいくらい、私は優勝に恋い焦がれ、執拗に優勝を追いかけてきた。

しかしその優勝をついに手に入れ、祝賀として行われたパレードの最中、私は気付いた。私が本当にほしかったものは優勝ではなかったのだ。優勝のその先にこそ、真に見たい景色はあったのだ。

それは〝ファンに喜んでもらうこと〟である。優勝できたわれわれも幸せ、応援してくれたファンも幸せ、球団も幸せ――われわれの真のミッションというのは、そうした〝みんなを幸せにすること〟だったのである。これまで追い続けてきた優勝は果たすべき〝目的〟ではなく、あくまでもこのミッションを達成するための〝手段〟にすぎなかったのだ。

先ほど、勝って学ぶこともあれば負けて学ぶこともあると書いたが、優勝しないとわからないことというのも確かにある。

優勝の先にあるこの光景を、来年ももう一度見たい――連覇に向けたカープの道は、平和大通りが真っ赤に染まった秋の日の忘れがたいパレードからはじまったのである。

第5章

●2017年

たくましさを増した選手たちが成し遂げた連覇
私の「育成論」

2017年データ◯セントラル・リーグ最終成績

順位	球団	勝／負／分	勝率	差
優勝	広島東洋カープ	88／51／4	0.633	—
2位	阪神タイガース	78／61／4	0.561	10.0
3位	横浜DeNAベイスターズ	73／65／5	0.529	14.5
4位	読売ジャイアンツ	72／68／3	0.514	16.5
5位	中日ドラゴンズ	59／79／5	0.428	28.5
6位	東京ヤクルトスワローズ	45／96／2	0.319	44.0

2017 マツダ クライマックスシリーズ セ・ファイナルステージ

日付・試合	ホーム	スコア	ビジター	開催球場
10月18日(水)・第1戦	広島	3-0	DeNA	マツダスタジアム
10月19日(木)・第2戦	広島	2-6	DeNA	マツダスタジアム
10月20日(金)・第3戦	広島	0-1	DeNA	マツダスタジアム
10月23日(月)・第4戦	広島	3-4	DeNA	マツダスタジアム
10月24日(火)・第5戦	広島	3-9	DeNA	マツダスタジアム
	勝者◯DeNA			

成功体験と失敗体験を受けて

優勝を果たしたことでチームは慌ただしい年末をすごした。

チームは日本シリーズへ進んだことで、10月末まで試合日程が詰まっていた。その後も優勝パレードを筆頭に各種イベントが目白押しだった。

この時期は例年なら11月から秋季練習をスタートさせ、来年に向けた各課題に取り組むときである。主力選手は身体のメンテナンスを行い、若手は技術向上に集中する。しかしこの年は優勝したことにより、そこに満足のいく時間をかけられなくなってしまった。

監督3年目のシーズンに向けて私がまず意識したのは、気のゆるみを絶対になくすことである。この年に関しては、25年ぶりの優勝という大目標を達成したことで気が抜けてしまうんじゃないかと心配する人もいれば、いわゆる〝2年目のジンクス〟を指摘する声もあった。

私はシーズンに入る前から連覇することの難しさをイメージしていた。

どうして連覇が難しいのか？　たった1年で劇的にチーム力が落ちてしまうとは考えにくい。まずデータを見れば、主力選手にケガ人が多く発生するというケースがある。これは前年の激しい優勝争いで、どうしても身体にムチ打って出場することが多かった上、オフに入っても酷使した身体のメンテナンスに十分な時間が割けないため、主力選手が万全とは言えない状態で新シーズンに入ることに起因する。そうするとケガをしたり調子を落としたりすることが多くなり、それが４人も５人も出てしまうとチームはガタガタと崩れていく。

実際、これまでのプロ野球の歴史を見ても、優勝を飾った翌年、いきなり最下位に転落してしまう例は結構見られる。近年では２０１２年に優勝した日本ハムが翌年最下位、その年に優勝した楽天が翌年最下位に沈んでいる。

私は練習不足、準備不足は否めなくても、少なくとも気持ちの面だけは油断が生じないようチームを引き締めた。ディフェンディングチャンピオンとして相手を待ち受けるのではなく、昨年同様挑戦者の気持ちで改めて優勝を〝獲りにいく〟という姿勢をチーム内で共有した。選手のコンディショニングに関してはトレーナーに指示して、特に主力選手は疲労回復を最優先させた。そして何よりこれまでと変わらず、チームに関わる全員がそれぞれに与えられた役割をきちんと果たすことを徹底した。

ただ、監督としての心境は1年前とは雲泥の差だった。本当に迷うことが少なくなった。

前年は初年度の失敗を受けて、「もう自分の道を信じるしかない」「目の前の役割に徹すれば結果は付いてくるに違いない」と新たな方針を打ち出したが、そこには何の確証もなく不安もあった。しかしそれが優勝という結果を出したことで、私の中に自信が生まれた。

さらに、優勝パレードでファンと素晴らしい時間をすごせたことも大きかった。自分たちはこの瞬間のために戦っているのだと思ったし、野球に対するモチベーションがもうワンランクアップした。

その後チームは優勝旅行でハワイに行ったが、旅行には家族も同伴可能で、優勝すればこんなに楽しい時間がすごせるということを誰もが体感した。関係者全員で喜びを分かち合える優勝旅行は、お金には換えられない素晴らしい思い出になった。長いシーズンの戦いは苦しいが、それに耐えて優勝という結果を残せばこれほどの喜びが待っているという事実を、みんなが肌で感じたのである。

私自身もチームも成功体験をしたことで勝利への意欲はさらに増した。優勝したことで気が抜けるどころか、一度その喜びを体験したことで「何度でもこの気持ちを味わいたい。もっともっとみんなと喜びを分かち合いたい」と頂点への執着はよりいっそう大きくなった。

その一方で、日本シリーズで苦杯をなめさせられた悔しい記憶も生々しく残っている。次こそは日本シリーズに勝って日本一の座をつかむんだ、絶対にリベンジを果たすんだ――。

２０１７年はそんな成功体験と失敗体験のブレンドの中から始動した。

22歳の鈴木誠也を四番に

２０１６年から２０１７年にかけて、戦力面では黒田の引退があったが、そもそも私は現状のままで連覇ができるとは思っていなかった。「この形でしか優勝できない」のではなく、むしろ「この形を変えないと優勝できない」。〝融通《ゆうづう》無碍《むげ》〟というように、私は過去の成功に固執することなく、常に新しいものを求めることこそが連覇に近づく最短の道だと思っていた。

その中で期待したのはやはり若手の台頭である。チームに新たな息吹をもたらすにあたって、カープの場合、ＦＡで他球団から選手を獲得することは難しいし、現役バリバリのメジャーリーガーを獲得するということもない。育成主体のチームでは若い選手が力を付けて一軍に食い込んだり、レギュラーを奪ったりすることでしか新陳代謝は起こらない。

ただし、ひとたびそうした化学反応が起こったとき、チームは一気に強くなる。若手選手はひとつヒントをつかむことで爆発的な成長を見せることがあるが、それは同世代の若手たちに「俺も、俺も」と刺激を与えると同時に、中堅やベテランに「俺たちもうかうかしていられないな」と危機意識を植え付ける。若手の〝ブレイク〟はチーム全体を活性化させ、下剋上の空気を充満させる格好の起爆剤になるのである。

そうしたビッグバンを引き起こすため、コーチやスタッフは根気強く若手の指導を重ね、先行投資の意味合いも兼ねて出場機会を与えようとする。しかしそれは勝利を犠牲にして行うものではない。シビアな言い方をすれば、リスクとリターンを秤《はかり》にかけながら進めていかなければならない。あくまで勝利と育成、両方を同時に追求するのがカープの監督に課せられた使命なのだ。

この17年、チームを大きく変えるという意味で私がトライしたのは、鈴木誠也を四番に据えたことである。誠也に関しては力を付けてきた時点で、スタッフの誰もが絶対将来のクリーンナップを担う選手になると思っていた。誠也はこの年の開幕時点で22歳。前年に「神ってる」で一躍時の人となり、１２９試合出場、打率・３３５、29本塁打、95打点、プロ入り初の規定打席到達と素晴らしい成績を残していた。

しかし16年の誠也は六番などの下位打線での起用が中心である。四番となると当然話は違う。相手からのマークは厳しくなるし、チームの大黒柱としてのプレッシャーものしかかる。打撃コーチの中には「まだ早いですよ」と言う者もいた。「せっかく順調に伸びているのに、慌てるとマイナスになりかねないです」と懸念する声もあった。

だが、私は肚をくくった。新井があと何年プレイできるかわからない中、日本人の生え抜き選手で四番を育てるのはチームとしても悲願であった。タナ・キク・マルと一～三番が固定できているのだから、次は四番だという想いもあった。チーム全体を見ても、四番の前には盤石の３人がいて、後ろには松山、外国人選手、安部、會澤と打てる選手がそろっている。言ってみれば、四番が打たないとチームとして点が取れない、すべての責任を四番が背負わなければいけないという状態ではない。そう考えるとチームが波に乗っている今こそ、若い誠也を四番に抜擢できるチャンスのように思えた。

誠也は開幕戦こそ新井に四番を譲ったものの、4月11日には早くも四番に座った。そして4月25日以降、8月23日の試合で守備中に右脛骨《けいこつ》内果を剥離骨折し、離脱するまで彼は1試合も欠けることなく四番を守り通した。シーズン成績は１１５試合出場、打率・３００、26本塁打、90打点。申し分のない数字である。

私は誠也を四番に据えて成績が振るわなければ、様子を見て変えるつもりでいたが、その必要はまったくなかった。誠也は与えられたチャンスをたった一度でつかみ取った。

その後、誠也はリハビリに励み、翌２０１８年は開幕四番で出場を果たした。２０１９年はカープの背番号〝1〟を継承し、首位打者と最高出塁率を獲得。さらにプレミア12の日本代表に選ばれ〝日本の四番〟を務めるまでに成長する。

球団史上最高勝率での独走優勝

２０１７年シーズンもスタートダッシュに成功した。

開幕戦で敗れた後、１つの引き分けを挟んで10連勝。交流戦も12勝６敗で首位ソフトバンクと並び、直接対決の結果で２位になるという過去最高の成績を収めた。リーグでは４月末に首位になって以降、一度もその座を明け渡すことなく、最終的には２位阪神に10ゲーム差をつける〝ぶっちぎり〟の状態で９月の優勝決定まで駆け抜けた。

この年の充実ぶりは数字を見ても際立っている。チーム防御率は３位（３・３９）だが、特筆すべきは攻撃面だ。チーム打率・２７３で１位（２位はＤｅＮＡの・２５２）という数字を皮切りに、本塁打１５２本（２位はＤｅＮＡの１３４本）、盗塁１１２個（２位は中日の77個）と多くの項目で１位が続く。総得点に至っては７３６点（１試合平均５・１５点）で２位ＤｅＮＡの５９７点（１試合平均４・１７点）を１００点以上引き離している。

この中で個人的に強調したいのが、得点圏打率（・２９７）と代打率（・２６０）で他チームに大きく差をつけていることである。つまりカープは持ち前の攻撃力に勝負強さが加わったことで、70〜80年代の黄金時代にも負けない球団史上最高の勝率（・６３３／88勝51敗４分け）を達成することができたのだ。

チームが独走優勝できた理由については、選手個々のレベルが上がったことに尽きる。特に中心選手のタナ・キク・マルはこの年28歳。アスリートとして一番脂が乗っている時期で、そんな彼らが去年の優勝で自信を付けたことによりさらに伸びた。田中広輔は全試合出場を続け、盗塁

2017年7月7日(金) ヤクルト × 広島◉神宮

12回戦 [ヤ] 4勝8敗0分

	1	2	3	4	5	6	7	8	9	R
広　島	0	0	0	1	0	0	2	0	6	9
ヤクルト	2	0	0	2	3	0	1	0	0	8

勝投手:ジャクソン(2勝2敗)　敗投手:小川(4勝3敗)　セーブ:今村(17S)
本塁打:[広]松山6号(4回1点 原樹)　[広]バティスタ6号(9回1点 小川)
[広]菊池6号(9回1点 小川)　[広]新井7号(9回3点 小川)
[ヤ]山田12号(1回2点 戸田)

王と最多出塁率のタイトルを獲得。菊池はリーグ最多の犠打数と守りで貢献。丸に至ってはすべてにおいて高い数字を残し、セ・リーグのMVPに輝いた。3人が揃ってベストナインに選ばれたのは唯一この年のみである。

〝逆転のカープ〟はこの年も快調で、信じられないような勝ち方がずいぶん飛び出した。

7月7日のヤクルト戦は通称〝七夕の奇跡〟と呼ばれる試合で、チームは8回が終わるまで3-8で負けていた。しかし迎えた9回、バティスタ、菊池のソロホームランなどで2点差まで追い上げると、二死一、三塁の場面で代打・新井が逆転3ランを放ち5点差をひっくり返してしまった。チームは最終的に9-8で勝利を収めるが、最後の最後で新井が起死回生のバッティングを見せてしまうあたり、他球団に対してもプロ野球ファンに対しても、「今年もカープは強い。最後まであきらめない」ということを鮮烈に印象付けたのではないだろうか。

さらに9月5日の試合も神がかっていたとよく言われる。勝てば4

2017年9月5日(火) 広島×阪神 ●マツダスタジアム

21回戦[広]11勝9敗1分

	1	2	3	4	5	6	7	8	9	R
阪神	0	2	1	0	1	1	0	0	2	7
広島	2	0	3	0	0	0	1	0	2x	8

勝投手：中﨑(4勝1敗)　敗投手：ドリス(3勝4敗)
本塁打：[神]上本8号(6回1点 ジャクソン)　[神]福留17号(9回2点 中﨑)
[広]松山11号(1回2点 藤浪)　[広]安部4号(9回2点 ドリス)

度目のマジックが点灯するという状況ではじまった2位阪神との直接対決。試合はシーソーゲームで9回表、守護神・中﨑が福留孝介に2ランを浴びて6-7と逆転されるものの、その裏、今度は阪神の抑えのドリスから安部が2ランを放ち再逆転でサヨナラ勝ちを収めた。

こうしたミラクルとも思える逆転劇の背景には、選手が自信を持ってプレイしていたことがある。たとえ何点差が付いていようと、打席に入れば出塁を目指し、目の前の1点を奪いにいく。一試合一試合あきらめない気持ちで、最後の最後まで全力で戦うことが最良の結果を生むという姿勢がチームにはすっかり定着していた。

各自がそうした〝結び〟と〝果〟の関係を理解し、自らの役割を忠実に果たしてくれたことで、私も安心して〝自らの結び=采配〟に集中することができた。

外国人選手も自前で育てる

この年のトピックとして挙げられるのが、外国人選手についても自前で育成をはじめたことである。

この時期のカープの助っ人外国人は、２０１２年の途中に加入したエルドレッドが本塁打王を獲得したり（２０１４年）、ジョンソンが沢村賞を獲得したり（２０１６年）と大きな〝当たり〟もあった一方、期待されながら不発に終わった選手も多かった。

２０１５年、当時の球団史上最高年俸で契約したグスマンにシーズン途中で加入したシアーホルツ、２０１６年のプライディ、２０１７年はメキシコ人のペーニャ……彼らはなかなか日本の野球（またはカープの野球）に適応できず、１年でチームを去ることになってしまった。

そういう状況を目にしていた私は、やがて外国人選手も育成した方が効率的ではないかと思うようになった。いくらメジャーで好成績を残していても、日本の野球に適応できなければチームの戦力にならない。であるならば最初から日本人感覚で鍛え、カープの野球を知ってもらった方がいいように思えたのだ。

ご存知のようにカープは１９９０年、中米カリブ海のドミニカ共和国に「カープアカデミー」という育成施設を作り、現地選手を育てる試みをスタートさせた。そこからは１９９５年に15勝をあげたチェコや、カープを経由してニューヨーク・ヤンキースに入団しトリプルスリーを達成したソリアーノなど多くの逸材が巣立っていった。２０１４年にはロサリオが来日して才能の片鱗を見せたが、２年目以降は伸び悩んでしまった。

そんなドミニカのアカデミー担当者から「面白い選手がいるから見てやってくれないか」という連絡が入った。バティスタ、メヒアの２人である。私は２人を練習生として、２０１５年11月の秋季キャンプに参加させた。２人とも守備は課題が多いし、野球のことも全然わかっていなかったが、とにかくパワーがあって打撃に魅力があった。しかも２人とも練習態度が真面目で、野球に対して真剣だった。

チームは２人と育成選手契約を結び、日本に呼び寄せた。寮に入れて食事をしっかり摂らせ、他の日本人選手と同じように鍛えていくと急激に成長していった。

この年、交流戦のロッテ戦でバティスタを代打に出すと、一軍初打席初ホームランという鮮烈なデビューを飾った。さらに翌日の試合でも代打ホームラン。鈴木誠也の3試合連続サヨナラ本塁打も衝撃的だったが、バティスタのデビュー２試合連続代打本塁打もインパクトがあった。ちなみにこの試合後のヒーローインタビューで、クレート通訳が披露した片言すぎる日本語もカープファンをおおいに喜ばせることになった。

バティスタは２０１６年61試合出場11本塁打、翌年以降も99試合出場25本塁打、１０３試合出場26本塁打と順調に成績を伸ばしていく。メヒアの方も２０１８年、２０１９年と2年連続でウエスタンリーグ本塁打王、打点王に輝くなど、着実に一軍をうかがう実力を付けていく。

私にとって彼らの活躍は本当に嬉しかった。「才能がある」「一人前に育てたい」と思った選手が羽ばたいていくのは日本人であろうと外国人であろうと指導者冥利に尽きるものだ。それはカープの育成法が国籍関係なく通用することも表していた。助っ人外国人すら育成で賄《まかな》ってしまうという戦略は〝育成のカープ〟の看板をいっそう盤石にすることになった。

さらに彼らの活躍は各方面に好影響を及ぼした。チーム内では、単身来日して頑張っている２人の姿を見て、若手日本人が刺激を受けた。ドミニカ出身の彼らの持つハングリー精神は日本人にはないものだった。２人の活躍のニュースを聞いた現地でも、「バティスタに続け」「メヒアに続け」とばかりにアカデミーの生徒たちが目の色を変えて練習に励むようになった。「彼らにできるのなら俺にもできるはず」という想いは現地の野球熱をますます高めた。

２人の育成が成功して以降、チームはカープアカデミーから選手を積極的に呼び寄せるようになった。２０１８年にはフランスア、タバーレス、２０１９年にはモンティージャ、メナ、サンタナ……全員が成功したとは言えないが、カープは選手、コーチに続いて外国人選手ですら自前で育て上げるという方針を打ち出したのである。

リーダー不在だからこそ伸びる

バティスタやメヒアの話が出た流れで、ここからは私の「育成論」について書いていく。

何度も書いてきたが、ＦＡ補強に積極的ではないカープにとって育成は避けて通れない道であり、若い選手を一人前に育て上げることがチームの基本方針である。そのためにはどうやってその才能を伸ばしていくか、どうやって選手のやる気を引き出すか、指導者側の技量と覚悟が要求される。

まず私が意識したのは、選手同士が互いに刺激を与え合うような環境を作ってやることである。その代表例が、タナ・キク・マルでおなじみの同世代というグループ分けだ。特に同い年という関係性では、「あいつは活躍している」「あいつはこんなに練習している」など隣りの様子が気になるものだ。そこでいいライバル関係が築ければ、彼らは競い合うように伸びていく。切磋琢磨しながら互いに助け合い、認め合う中で友情や信頼が生まれれば、チームには一体感が備わっていく。

そうしたライバル関係はいわゆる〝89年組〟だけではない。たとえばバティスタとメヒアはドミニカから来た者同士という部分で競い合い、そして支え合う仲間となった。他にも捕手というポジションをめぐってベテランの石原慶幸、中堅の會澤翼、白濱裕太、さらにその下の磯村嘉孝、坂倉将吾らがしのぎを削った。

やはり成長のためには健全な競争原理というものが欠かせない。そうした原理が働いていれば選手はこちらが尻を叩かなくても勝手に成長していく。逆に言えば、選手が自発的に上を目指す環境を作ってやるのが育成の肝であり、指導者の最大の仕事だと言える。

こうした状況の中で私があえて意識したのは、チーム内にキャプテンを作らなかったことである。組織の作り方としてチームリーダーを置かないやり方を選択したのだ。

正直に言えば、これは結果論である。監督に就任した初年度、私は菊池、丸をチームリーダーに仕立てようとしたが、それは彼らに重圧を与えることになり大スランプを招いてしまった。さらに投手陣においてはマエケンという絶対的エースが存在したが、２０１６年オフにメジャーに流出してしまった。チームの柱を作ろうとしたが失敗に終わり、それまで投手陣を支えていた大黒柱もいなくなってしまったのである。

しかし私はそれを逆手に取ることを考えた。チームリーダーがいないのであれば、全員がリーダーシップを持つような組織を作ればいいのではないか？　誰かひとりに頼るのではなく、全員がリーダーの心構えを持ち、全員が活躍するようなチームの方が組織としては強いのではないか？――そんなふうに思ったのだ。

通常、強い組織を作るには、一本の太い軸を据えることが最優先とされる。それはキャプテンであったりエースであったりするが、彼がドシッと中心に居座ることでチームには精神的な支柱ができて、安心感が生まれる。そして彼が見本となることで他のメンバーもそれに倣い、組織にヒエラルキーと一体感が生まれる。それが組織作りのセオリーであると言われてきたし、私自身もそう思ってきた。野球においてエースと四番、抑えが必要と書いたのも、そういう理由からである。

しかし強力なキャプテンがいることによって、実はデメリットも発生する。ひとりのスーパープレイヤーがいることで、他のメンバーが心理的に彼に頼るようになってしまうのだ。

よくある話だが、会社の営業部にひとりの〝エース〟がいたとしよう。彼は毎月、部に課されたノルマの大半をひとりでクリアしてしまう。そうなると他のメンバーは「俺が頑張らなくても、アイツがやってくれるだろう」と考えるようになり、自らの能力をフルに発揮しなくなる。組織としてはエースがいてくれることはプラスに違いないが、組織全体で考えるとエースがいることで他の面々の主体性が薄れ、組織全体の総合力やモチベーションは低下してしまうのである。

だから、私はミーティングでは「チーム一丸」という言葉をよく使うようにした。インタビューで「誰に期待していますか？」と質問されたときは、意識的に「全員に期待しています」と答えるようにした。

誰かひとりに頼るのではなく、全員が主役であり、全員の力が必要――やはり自分が期待されていないと感じる場所で選手は伸びない。私は〝全員活躍〟というチームコンセプトを掲げることで、若手にも「自分もチームの一員として必要とされている。しっかり勝利に貢献しなければ」という自発性と責任感を持ってもらうことを狙ったのである。

適材適所の〝駒〟として自立させる

そうした全員活躍のチームにおいて必要なのは、これも何度も言ってきたが、ひとりひとりの役割である。

たとえば理想のプロ野球チームを作る際、同じタイプの選手が集まったところでチームは勝てない。同時に全員活躍を目指すからといって、選手個々が好き勝手にプレイしても、チームが混乱してしまって思うように戦えない。

非情に聞こえるかもしれないが、監督にとって選手とはチームを構成するためのパーツなのである。その中には四番も必要だし、代走も必要である。守備固めも必要だし、球数は投げられないが絶対アウトをとってくれる投手も必要である。

監督はそうした個性ある選手たちを場面に応じて活用しながら、長いシーズンを戦っていく。そうなると、いい選手というのは監督が使いやすい〝いいパーツ〟ということになる。いいパーツとはどういうものかというと、持っている能力がはっきりしている上、それをコンスタントに発揮できる人である。

将棋でたとえるとわかりやすい。将棋にはさまざまな駒があり、棋士はそれを用いて「穴熊囲い」や「四間飛車《しけんびしゃ》」といった戦術を展開する。盤上には金や銀や飛車や角、桂馬や香車《きょうしゃ》といった駒が並ぶが、棋士にとって一番困るのは、「ここは角だ」と思って打ったはずなのに角が斜めに進めなかったり、香車を打ったつもりが1マスずつしか進めなかったりすることである。選手は自らの役割を常時発揮できる態勢を整えておき、指揮官はそれを適材適所で使用する――勝てるチームというのは、それが普通にできているチームなのである。

　だが人は、若い頃は自分の資質や置かれた状況が見えない。夢も希望もある若手はおおむね飛車や角といった大駒を目指すが、誰もがなれるわけではないし、大駒ばかりではチームの方も困ってしまう。

　そこで「おまえの使われる場所はまずここだよ」と示してやる。たとえば「左ピッチャーのときはおまえがスタメンになれる確率は高いよ」と。そうすると彼は自分の中の〝左投手に強い〟という能力が見込まれ、チームに求められていることを知る。そこに確実に対応できるよう、左相手の打撃を磨くようになる。それが実ると、彼は左投手相手の試合では欠かせない〝駒〟としてチーム内で存在意義を獲得する。

　そう考えると、選手が育っていく上で役割を与えてやることは非常に有効である。まず明確な役割を与え、ひとつの〝駒〟として自立させる。駒として試合に絡むことで成功体験を積ませ、実戦の感覚を肌で学ばせる。

　だからと言って選手は最初に与えられた役割をずっと続けていかなければならないわけではな

い。むしろ同じ場所に居続けてはいけない。最初に桂馬の役を与えられたからといってそこに固執する必要はないし、今度はそこからひとつずつ新たな武器を身に付けることによって、金や銀といった多機能で価値の高い駒を目指す新たな段階に入っていく。もちろんコーチ陣もそれに応じて、選手に対する指導の中身を変えていくことが必要になる。

環境を整えれば選手は勝手に育つ

自分の武器を先鋭化することで、一個の駒となり一軍の試合に絡んでいく――ここで私が若手に何を伝えたいかというと、とにかく高いレベルの野球を見てもらうことである。「君たちが目指す場所はここだよ」と示し、今の自分では何が通用して何が足りないかを間近で感じてもらい、意識を高いところに置いてもらいたいのである。

やはり選手を育てるのは環境なのだ。こちらがどれほど熱心に指導しても、なかなか伸びない選手でも、刺激に満ちて、自発的に練習せざるをえないような環境に身を置くと勝手に動き出し、勝手に育っていく。コーチから強制的にやらされる練習などいくらやっても身にならないが、自分が本気で「やらないとマズイ」「もっとうまくなりたい」と思って取り組む練習は吸収も早いし、それができなければプロの野球選手として失格である。

だから二軍にいてはダメなのだ。レベルの低い環境に慣れてしまってはダメだ。確かに二軍の選手もプロ野球選手かもしれないが、私は厳密には二軍の選手は〝プロ〟だとは思っていない。本当のプロというのはお客さんにお金を払ってプレイを見てもらえる一軍の選手であり、二軍というのはそこに向かうための見習い期間で、一軍の選手に養ってもらっているにすぎない。

　それを理解できず、ドラフトで指名されてプロ野球チームに入ったから俺はプロ野球選手だと勘違いしている選手もいるので、指導者はまずそこから説明しなければならない。それを知ってもらうには早い段階で一軍の世界を経験させ、「君が行くべき場所はここなんだ」「二軍なんかにいてはダメなんだ」という意識を持たせることが一番だ。

「朱に交われば赤くなる」ではないが、二軍のぬるま湯に浸《つ》かってしまってそこから抜け出せなくなる選手はたくさんいる。その逆で一軍のハイレベルなプレイ、緊張感のある試合展開、華やかな雰囲気に触れることで、自分のビジョンを高く保てる選手もいる。本当に一度一軍を見せるだけで若手は一気に野球観が変わる。そこからどう成長していくかは選手次第だが、少なくとも最高の舞台を見せ、目を開かせた上で練習に向かわせるのが選手育成の一番の近道であるように思う。

　若手が本気になれる環境ということに関しては、カープは非常に整っている。独身寮は門限も厳しいし、外で遊ぼうと思っても広島の街は小さいのですぐに噂が広まってしまう。栄養管理もしっかりしているので、若手が野球に打ち込むにはうってつけの環境だ。

さらにキャンプ地である日南、沖縄の充実もある。日南は施設が狭く、これまで一軍選手優先で練習するしかなかったが、屋根付き練習場やサブグラウンドが完成したことで個人練習ができるようになった。沖縄に関しても「沖縄セルラースタジアム那覇」が完成し、「コザしんきんスタジアム」の横には室内練習場まで作っていただいた。

そうしたハード面だけに留まらず、日南ではＪＲ油津《あぶらつ》駅駅舎を赤く塗り替え「カープ油津駅」という愛称を付けてもらったり、天福《てんぷく》球場までの道を赤く舗装して「カープ一本道」に仕立ててくれたりと、街を挙げてチームを応援してくれている雰囲気がある。日南も沖縄も25年ぶりの優勝の際にはパレードまで開催してくれ、カープにとってはどちらも〝ホーム〟と呼んで差し支えない土地になっている。

カープの若手はこうした厳しさと優しさ、両方が入り混じった環境で育てられる。もちろんコーチ陣からの技術指導も重要だし、最初は首に縄を付けてでも練習させる時期は必要だが、それでも「選手は勝手に育っていくもの、こちらは環境を整えてやるだけ」という想いは変わらない。カープというルールの中に稚魚を放すと、ひとりでに大きく成長してくれるという感覚が私にはある。

実際、育成に関しては私が何か新しい策を持ち込み、チームを改革したという気持ちは一切ない。カープにはかつて私が見た高橋慶彦さんのマシン打ちのような猛練習の気風が脈々と受け継がれており、それが環境として定着している。私はその伝統が錆《さ》びないようホコリを払っただけであり、ある意味カープの伝統そのものに育成を託したと言えるかもしれない。

選手にたくましさを感じた瞬間

ここまで育成について書いてきたが、私がどうのこうの言わなくても今の若手はしっかりしている。

大瀬良にしても誠也にしてもみんな真剣に野球に取り組んでいるし、インターネットで調べた身体にいい食事を試したり自分専用のトレーナーを付けたりして、個々でレベルアップに励んでいる。私たちの頃はガムシャラにバットを振るだけだったが、今は情報社会なのでそれぞれがアンテナを張り巡らせ、自分なりの方法を模索しているという格好だ。

各自が意識を高く持ち、自発的に野球に取り組む——そんな姿勢が定着したこともあって、この年は選手にたくましさを感じることが多かった。25年ぶりの優勝を遂げた前年は勢い任せの部分もあったが、成功体験を経たことで成熟が進んだ。若いチームに自信と落ち着きが加わった。

シーズンを通して私が感心したのはミスが大幅に減ったことと、試合内容が格段に向上したことである。昨年まではチームとしての約束事が不徹底だったため、守備のミス、サインのミス、連係のミスなど数多くあったが、それが激減した上、選手全員が目指すべき方向を共有し、プレイの精度が向上した。

特にチームの強さを実感したのはこの年の夏場、誠也がケガをして離脱した後である。

この年、私は誠也を四番に据えることを決意したが、誠也はその期待に応えて素晴らしい働きを見せてくれた。ある意味〝四番・誠也〟が２０１７年のカープの強さを象徴するシンボルのようにもなっていた。しかし、これからラストスパートをかけようという矢先の8月23日、誠也はチームからいなくなってしまった。全治３ヶ月の右足首骨折でシーズン中の復帰は絶望。これは戦力的に大打撃で、２位とは差が開いていたとはいえ不穏な空気がチームに流れた。

だが、そこで出てきたのが松山であり安部であった。さらに誠也と同い年の西川龍馬も台頭してきた。彼らは誠也の穴を埋めただけでなく、新たなエネルギーを注ぎ込んだ。彼らの躍動によりチームは再び上昇気流に乗った。

また、誠也のケガは首脳陣にも新規のトライに踏み出させた。不動の四番がいないのだからそれを逆手にとって左打者を並べるなど、「今日はこういうオーダーで行ってみよう」という思い切った策が打てるようになった。さっきの〝リーダー不在のメリット〟ではないが、柱がいなければいないで、それをピンチではなくチャンスと捉えることにしたのである。そしてカープには全員活躍というチームコンセプトを体現する選手層の厚さが備わっていた。

結果的に誠也が離脱して以降、チームは15勝7敗の快進撃で優勝を決めることになった。その途中には破竹の9連勝まで挟まっている。誠也がいなくなってチーム力が落ちるどころか、むしろ底力を見せて2位以下を引き離してゴールテープを切る――そのとき私は本当にカープが強いチームに成長した手応えを感じたのだった。

優勝決定の直前、頬を涙が伝った

連覇は9月18日の甲子園で決定した。それまでマツダスタジアムで4連戦があり、本来はそこで決めたかったが、2位阪神の粘りによって阻止されてしまった。

試合は1点リードの3-2、最終回を中﨑に託すといういつもと同じ状況だった。相手ベンチには選手時代、カープでしのぎを削った金本知憲が敵将として座っていた。はじまったときは台風一過の青空だった空は夕暮れに変わり、レフトスタンドを赤く染めたカープファンが傾いた日差しに照らされていた。

先頭の中谷将大を見逃し三振に切って取ると、球場を埋めるファンから地鳴りのような歓声が起こった。次の鳥谷敬の当たりは菊池が処理して2アウトとなった。さっきよりさらに興奮の増した割れんばかりの拍手が響く。あと、アウトひとつ。アウトひとつで2年連続の優勝が決定する——。

そのとき、私の中で思いがけず感情が込み上げてきた。

それは去年の優勝時にはなかった感情だった。去年の優勝時は、ただホッとしたという感覚だった。ずっと張り詰めた緊張感の中で戦っていたこともあって、優勝に対して半信半疑というか、目の前で起こっていることを現実として受け止められないようなところがあった。

しかしこの年、優勝まであとひとりというところで私の頬を涙が伝った。私はずっと腕組みをして戦況を見つめていたが、サングラスを外してそれをぬぐった。

２０１７年、選手たちは余裕を持って試合に臨めるようになったが、それは監督の私も同じだったのだろう。私の脳裏にこの1年間の戦いがよみがえった。そして一歩一歩優勝に近づこうとしている瞬間をしっかり噛みしめている自分がいた。

最後の打者となった代打・伊藤隼太の打ち上げたフライが広輔のグラブに収まった。

選手たちは弾かれたようにグラウンドに駆け出した。甲子園がカープファンの嬉しい悲鳴に包まれた。離脱していた誠也もスタッフに肩を借り、チームメイトの輪に加わる。

私はタオルで顔を拭いた。ベンチでコーチやスコアラーなど、スタッフひとりひとりと抱擁を交わし、優勝の喜びを分かち合った。そして全員が待つグラウンドへ手を叩きながら歩いていった。私はただ、選手たちを讃えたい気持ちでいっぱいだった。

本当にみんな、１年間頑張ってくれたな……そんな選手たちの手によって私の身体は11回、西宮の空に舞った。

叶わなかった日本一

カープのリーグ連覇は１９７９〜１９８０年に次ぐチーム２度目の快挙だった。しかしながらこの年、日本一の座をつかむというチーム最大の目標は果たせなかった。臨んだＣＳファイナルステージ、阪神とのファーストステージを勝ち上がってきたシーズン３位のＤｅＮＡに２勝４敗（うち１勝はアドバンテージ）で敗れ、日本シリーズへの出場権を逃してしまったのである。

このＣＳは中継ぎ投手を小刻みに繰り出して試合の主導権を握るラミレス監督の〝マシンガン継投〟が話題になったが、敗因はそれだけではない。マシンガン継投に関してはシーズン後半から試していたことは知っていたし、こちらも対策は練っていた。

ＤｅＮＡはここ数年ぐんぐん力を付けてきたチームだった。過去最高勝率でリーグ制覇したこの年、唯一負け越したチームがＤｅＮＡであり（12勝13敗）、夏場には横浜スタジアムで３試合連続サヨナラ負けを喰らうという展開もあった。
そうしたチーム力の競った状態で、向こうは監督の采配が当たり、選手も見事にそれに応えた。カープは第３戦０－１、第４戦３－４と僅差の試合をことごとく落とし、最終的に流れを引き戻すことができなかった。

他にも、こちらは優勝を決めてからＣＳまで１ヶ月近く間隔が空き、選手の調整、試合の入り方、実戦の勘といった部分で後手に回ったことも大きい。直前に阪神を下して波に乗るＤｅＮＡの勢いを思い切り受けてしまった。

ただ、勝敗に関して言い訳をするつもりはない。「負けに不思議の負けなし」という通り、チームは負けるべくして負けた。決して悪い野球をやっていたとは思わないが、負けたというのは事実であり、それは監督である私の責任である。私は選手に対してもファンに対しても、申し訳ない気持ちでいっぱいだった。

〝最強カープ〟と言われた陣容でＤｅＮＡに足をすくわれ、私は２年前と同様、激しいバッシングを浴びた。ファンの期待が高かったぶん、失望は大きく、罵声は容赦なく降り注いだ。

しかし２年前と違うのは、私自身がこの結果を冷静に受け止められたことだった。２年前の敗戦の際は、「どうして勝てないんだ？　なんでなんで？」と負けを認めることができなかった。

しかし監督生活も３年目が終わろうとする頃になると、私の中には「勝ちに不思議の勝ちあり、負けに不思議の負けなし」という真理がすっかり浸透していた。

勝負事にはすべて原理原則があるのだ。勝つには勝つ理由があり、負けるには負ける理由がある。もちろんCS敗退は悔しい。悔しくて悔しくて仕方ない。しかしいくら悔しがったところで現実は変わらない。私にできるのは目の前の動かしようのない事実を受け入れ、その勝敗の本質にあるものを理解し、それを次なる戦いで活かせるよう日々の〝行〟や〝結び〟にフィードバックしていくだけである。

負けたことは確かに悪い。選手は悔しく、ファンは悲しく、いいことなどひとつもない。

しかし悪い悪いばかりでは、そこから先に進んでいけない。負けたからこそ学ぶこともあるし、またひとつ成長できる機会をもらったと捉えて、前を向いて進んでいくしかない。この不名誉な体験を足掛かりに、われわれが目指すべき野球の中身をいっそう真剣に磨き上げていくしかない。

勝つ経験も必要なら、負ける経験も必要。この悔しい経験が私にとってもチームにとっても、必ず未来の糧になってくれるはず——私はそんな気持ちを胸に再びわが道を歩みはじめた。

第6章

●2018年

〝チームの完成〟による3連覇
私の「組織論」

2018年データ◯セントラル・リーグ最終成績

順位	球団	勝／負／分	勝率	差
優勝	広島東洋カープ	82／59／2	0.582	—
2位	東京ヤクルトスワローズ	75／66／2	0.532	7.0
3位	読売ジャイアンツ	67／71／5	0.486	13.5
4位	横浜DeNAベイスターズ	67／74／2	0.475	15.0
5位	中日ドラゴンズ	63／78／2	0.447	19.0
6位	阪神タイガース	62／79／2	0.440	20.0

2018 マツダ クライマックスシリーズ セ・ファイナルステージ

日付・試合	ホーム	スコア	ビジター	開催球場
10月17日（水）・第1戦	広島	6-1	巨人	マツダスタジアム
10月18日（木）・第2戦	広島	4-1	巨人	マツダスタジアム
10月19日（金）・第3戦	広島	5-1	巨人	マツダスタジアム
勝者◯広島				

SMBC 日本シリーズ 2018

日付・試合	ホーム	スコア	ビジター	開催球場
10月27日（土）・第1戦	広島	2-2	ソフトバンク	マツダスタジアム
10月28日（日）・第2戦	広島	5-1	ソフトバンク	マツダスタジアム
10月30日（火）・第3戦	ソフトバンク	9-8	広島	ヤフオクドーム
10月31日（水）・第4戦	ソフトバンク	4-1	広島	ヤフオクドーム
11月1日（木）・第5戦	ソフトバンク	5x-4	広島	ヤフオクドーム
11月3日（土）・第6戦	広島	0-2	ソフトバンク	マツダスタジアム
勝者◯ソフトバンク（2年連続9回目）				

監督は中間管理職

私にとって監督4年目となる２０１８年、まず大きかったのは２０１６年より打撃コーチを務めてきた石井琢朗と、同じくこの２年間外野守備走塁コーチを務めてきた河田雄祐がチームを離れたことである。

連覇を成し遂げたチームにおいて２人の貢献は非常に大きく、彼らが抜けることはマイナス以外の何物でもなかったが、頼みの人物が突然いなくなるという事態はＦＡ制度で慣れていた。いなくなったものを嘆いても仕方ない。また新しく育てるしかないし、そうすることでチームは新陳代謝ができる。

カープは一軍外野守備走塁コーチに廣瀬純を置き、河田に代わる三塁ベースコーチとして玉木朋孝を一塁ベースコーチから配置転換するという人事を行った。選手同様、コーチを育成するのもカープの方針である。私はこの年の最初に、これまで連覇を支えたコーチングスタッフを作り直す作業に取り掛かった。

その流れで、この章では私の組織の作り方について語ってみたい。

プロ野球チームの裏方にはいろいろな職種の人がいる。コーチはもちろんのこと、トレーナー、スコアラー、トレーニングコーチにバッティングピッチャー、バッティングキャッチャー、マネージャー……本当に多種多様である。

強いチームを作るためには、当然のことながらチームを支える彼らがきちんと機能していなければならない。監督である私と彼らが同じイメージを頭に描き、同じビジョンを持っていないと、すぐに選手同士の間でも齟齬《そご》が生じ、チームは回らなくなる。

だからチームスタッフの間では一分のズレもあってはならない。特に意思疎通に関しては徹底させなければならない。それゆえ、私はとにかくスタッフとは綿密なコミュニケーションをとることを心掛けた。

たとえば1日のスケジュールのところでも触れたように、私は試合ごとにスコアラーから相手チームの情報を聞き、トレーナーに選手の状況をヒアリングし、コーチと今日の作戦について話し合うなど、スタッフと言葉を交わす機会が頻繁にある。しかし、それだけだと私からの一方的な質問で終わってしまうことも多い。だから私は監督室のドアを常に開放して、「私に何か言いたいことがある人はいつでも入ってきてくれ。思っていることがあったら何でも言ってくれ」と全員に伝えた。

「最高責任者には本当のことを言ってくれる社員は少ない。それだけに声なき声に耳を傾ける努力が必要である」

松下幸之助のそんな言葉もあるように、私が怖れたのは自分が〝裸の王様〟になることだった。

監督というのは自分では気付かなくても、知らぬ間にまわりに配慮させたり忖度《そんたく》を強いたりするものである。しかし私のメガネが曇ってしまえば私の指示や判断もまた曇ってしまう。それは決してチームにいい影響をもたらさない。

それゆえ、私はスタッフとはできるだけ忌憚《きたん》なく意見を言い合える関係性を築こうとしたし、それに応えてくれる人物を近くに置いた。たとえばチーフトレーナーの松原慶直は私が選手時代からトレーナーとして世話になってきた人物だし、河田コーチも特走隊以来の仲間である。畝龍実投手コーチには現役時代、バッティング練習のため付き合ってもらった時期がある。彼らとは率直に物事を言い合える土台があるし、さらに意見をすり合わせるため、遠征先など時間を見つけては一緒に食事へ行き、チームや選手のことについて話し合った。

少し話がずれるが、監督というのは組織の長であるようにしばしば思われているが、それは違う。組織の長は間違いなく球団オーナーであり、監督はオーナーに雇われて現場をまとめる仕事をやっているにすぎない。いわばフロント（会社）とチーム（現場）をつなぐ中間管理職のようなものである。

そういう視点で考えると、私はコーチやトレーナーにさまざまな役割を任せているが、それと同時にオーナーから「チームを強くする」「チームを勝たせる」という役割を任せられていると言える。つまり監督とは組織の一部でありながら、同時に組織を束ねる現場主任もやるという不思議な存在なのである。

裏方の力を借りて組織全体を把握

現場を取り仕切る者として、私は常に「スタッフ全員の力を借りて一緒に戦っていくんだ」という空気を作ったが、特に力を入れたのがトレーナーとスコアラーの人事である。実際、トレーナー部門については拡充してもらい、大幅にケガ人を減らすことに成功した。

一般的にチームの構成に関しては、「監督‐コーチ‐選手」というヒエラルキーでできあがっていると考えている人が多いようだ。トレーナーやスコアラーといったスタッフもいるが彼らはあくまでスペシャリストであり、監督やコーチが作戦を計画・実行する枢軸機関だとすれば、彼らはそれをサポートする補助的な存在と捉えられているフシがある。

しかし私はそうは思わない。むしろトレーナーやスコアラーはチームの勝利にコーチと同じかそれ以上の影響力を持っている。逆にサポートという言葉を使うのなら、コーチの方が選手の成長を補助するという意味でふさわしいかもしれない。

スコアラーはこの情報戦の時代、対戦チームをデータ面から分析するために欠かせない人物である。カープの場合、スコアラーは各チームに1人ずつ担当が付き、彼らは相手の情報について何でも握っている。試合のたびにそれを逐一報告してもらう。

それとは別に自チームの状況を分析するスコアラーもいる。彼はカープの選手のバッティング状態やピッチング傾向、クセや調子といったものを調べ、把握している。

たとえばある打者が前日、絶好球を見逃して凡退したとする。その場合、私はスコアラーを選手の元に行かせ、どうしてその球を見逃したのかさりげなく聞かせる。監督の私が行っても選手はかしこまって本当のことなど話してくれないが、スコアラーに対しては気を許して話す。私はスコアラーから彼の本音を聞き、「だったら仕方ない」のか「コーチに指示して改めて基本を徹底させた方がいい」のか次の一手を考える。

それ以外にも自チームのスコアラーには、選手に関する情報を何でも調べさせる。テレビや新聞のインタビューにどんなふうに答えていたか、記事やコメントも押さえてもらう。この選手はどんな性格なのか、どういうバックグラウンドを持っているのか、誰と仲がいいのか、何をどこまで意識しているか……スコアラーには他チーム同様、自チームに関するあらゆる情報も丸裸にする役割が課されている。

一方のトレーナーに関しては、私の現役時代の経験がモノを言っている。私は現役時代の晩年、ケガに泣かされることが多かったが、リハビリの過程でトレーナーと話し、トレーナーと二人三脚で治療を進めていった。つまりスコアラーが選手の試合上のデータをすべて把握しているとしたら、トレーナーは選手の体調やコンディションをすべて把握している存在だと言える。

だから、私は監督になって選手の状態を知りたいときは、常にトレーナーに尋ねた。選手というのはたとえ身体に痛みがあっても「やれます」「できます」と強がるものだ。しかしトレーナーに聞けばそれが本当にできるレベルか、休んだ方がいいのか正しい答えを教えてくれる。さらにトレーナーは選手と一番近い存在なので、普段言えない本音を漏らすことも多い。そのあたりの選手のメンタルの状態というか、彼が今ポジティブに野球に取り組めているのか、落ち込んでいるのかといった情報も私はトレーナーから吸い上げていった。

他にもチームにはマネージャーという存在がいて、彼らは選手たちのスケジュールを管理している。マネージャーに聞けば、選手たちがどうすごしているのか、外国人選手のプライベートの行動もおおまかに知ることができる。

私はこうしたスコアラー、トレーナー、マネージャーといった職種と直に結ばれ、なるべく緊密な関係を保つようにした。

現代の野球は高度な情報戦と書いたが、相手を調べるだけが情報ではない。それより自チームの選手がどんな状態か、正確に理解しておかないと効果的な作戦など実行できない。私は選手の成績についてはスコアラーから、体調面はトレーナーから、生活面はマネージャーから報告してもらうことによって、常に組織全体を把握できる体制を作り上げたのである。

スタッフには“私”になってもらう

私はこうして裏方のスタッフを再編していったが、私の下で働いた彼らは相当きつかったと思う。

私は彼らに「ああしてくれ」「ここをもっと調べてくれ」と多くのリクエストを出すし、結果が出なければ「どうしてダメだったのか？」「どうしてこんなにケガが多いんだ？」と徹底的に追求した。私は選手に対してはあまり強く言わなかったが、スタッフに対してはしつこく問い掛けた。

なぜなら——選手が思い通りに動いてくれなければ、その理由は選手を指導するコーチが一番思い当たるはずである。試合で仕掛けた作戦が外れたら、その理由は相手チームの分析を担当したスコアラーがもっともわかっているはずである。選手がケガやコンディション不良に陥ったら、その理由は選手の体調を管理するトレーナーが誰よりも知っているはずである。

私は彼らに権限を与えるが、同時に責任も背負ってもらうというやり方を採った。私は監督として勝敗に関する全責任を負うが、そのためにはやるべきことを徹底した上で、「これだけやったのだから負けても仕方ない」という実感が伴わなければいけない。なのでスタッフに対する態度は自然と厳しくなった。どうしてこれを伝えていないのか？　どうしてこの前言ったことができていないのか？　どうして、どうして……？
スタッフに妥協なく質問したのは、彼らに〝私〟になってもらわなければいけなかったからである。私の考え方を共有して、スタッフ全体が文字通り一心同体にならなければチームとして戦えないからである。

　コーチにしろトレーナーにしろ、彼らにはそれぞれのやり方で仕事をしてもらって構わないが、その根底に私からのメッセージやチーム方針が貫かれていなければ組織全体がバラバラになってしまう。方法は自由で権限も持たせるが、その代わり〝頭〟や〝心〟はひとつになっていなければならないし、〝頭〟が指示した内容は必ず実行してもらわなければならない。

　そういう意味も込めて、私はチーフトレーナーの松原に、

「おまえも早く自分の右腕を育てないと、そのうちパンクするぞ」

　と頻繁に伝えていた。

　チームには一軍選手だけでも40人近く在籍しており、彼らのコンディションをすべて把握するにはとてもひとりでは間に合わない。チーフである松原が信頼できる部下を育て、彼らに任せていかないといずれ仕事が回らなくなる。自分に与えられた役割が大きくなる中で任務を完遂するには、自分の考えが隅々まで伝わった〝組織〟を作るしか方法がない。

　だから監督である私は松原を〝右腕〟として育て、松原は松原でさらに〝右腕〟となる部下を

育てようとした。メンバーが緊密につながった組織同士が協力し合い、さらに大きな組織を形づくっていく――それが私の思い描く強いチームの理想形だった。

組織にはムードメーカーが必要

これまではコーチングスタッフに着目した組織作りについて書いてきたが、選手たちを束ねる際の注意点についても触れたい。

たとえば組織を作る際、私はグループの中に1〜2人、ムードメーカーを入れることを心掛けた。具体的には練習前の円陣で、ひょうきん者の上本崇司に面白いことを一言披露してもらって練習に入るということをよくやった。これから厳しい練習で追い込もうとするとき、ああいう明るさには本当に助けられる。うちは真面目な選手が多いので、普通にやっているとつい雰囲気が重くなりがちだが、その場の空気を変えられる人間がひとり入ることで組織には笑いが生まれ、ゆとりが生じ、厳しい練習にも耐えられるようになる。

菊池涼介がベテランの新井をいじることで笑いをもたらしてくれたことも、チームがリラックスする上でおおいに役に立った。あれは2人の相性もあるが、新井も菊池にいじられることでチームに溶け込みやすくなったし、ずいぶん助かったのではないだろうか。そうした〝いじられキャラ〟だったり声出しで存在感を放ったりするような選手というのは、強い組織を作るために欠かせないピースだと私は思う。

明るさという意味ではこの3連覇の時期、マツダスタジアムの勝ち試合の後のヒーローインタビューでは誠也が発端となった「最高でーす！」の絶叫が響き、選手同士が水をかけ合うパフォーマンスが恒例となった。

私はチームがいいムードのときは何も言わず、度がすぎていなければ彼らの好きなようにさせた。こうした明るい雰囲気をファンも楽しみにしていたし、選手たちもそうしたパフォーマンスをやることでファンと喜びを分かち合い、翌日の試合への活力につなげているところがあった。特にこの時期のカープは若い選手が多かったので、一度勢いに乗ればチームはどこまでも上昇していきそうな気配があった。

チームの調子がいいときはそのままでいいかもしれないが、では連敗などして悪いムードに包まれたときはどうするか？

監督初年度は負けが込むとプレッシャーを感じて、より深みにはまり込むようなこともあった。しかし2年目以降は「何をやっても、うまくいかないときはうまくいかない」と割り切って、逆に思い切った手を打つようになった。流れが悪いときほど走者を動かすなど、自ら閉塞感を打開する判断が増えた。

ただ、連敗に関してひとつ言えるのは、実際のところ負けが込みはじめてから手を打つのでは遅いということである。連敗がはじまる前というのは、ミスが頻発するなど実はその兆候が現れているものだ。だからチームのムードうんぬん以前に、悪い傾向が出てきた時点で手を打っていれば連敗するまで状態は悪化しない。となると結局のところ、組織がやるべきことをきっちりやるという締まったムードをキープすることが重要ということになる。

〝打高投低〟の中で若手投手を育成

２０１８年シーズンはＣＳ敗退のショックを癒すかのように、その2日後のドラフト会議で広陵高校の捕手・中村奨成を中日との競合の末に引き当てたところからはじまった。彼はこの夏の甲子園で計6本塁打を放って大会新記録を樹立した話題の選手。地元出身のスターが入団するということで、気落ちしていたファンも再び活気づくことになった。

さて、このシーズンに入るにあたって私が意識したのは、やはり若手選手を育成してチームの層を厚くすることである。この作業は1年だけやればいいというものではなく、カープにおいて終わりはない。

その中で、私が注目したのはドミニカからやって来たフランスアだった。前年にバティスタ、メヒアという2人の野手が来日して頭角を現したが、この年は投手のフランスアが彗星のごとく現れた。フランスアは3月に育成選手として契約すると、5月には支配下選手登録し、その月に早くも一軍で登板。そしてこの年、主に中継ぎとして47試合に登板するなどブルペンに欠かせない選手へと成長する。

フランスアの活躍はこの年のカープの台所事情をよく表していた。前年に15勝をあげた薮田和樹が絶不調で、開幕投手を務めた野村祐輔もケガで離脱、さらに岡田明丈も伸び悩むなど、まず先発陣に穴が開いた。さらに中継ぎの今村猛やジャクソンも勤続疲労から本来の投球ができず、一歩間違えればガタガタと崩れていきそうなきわどい状況に立たされていた。

フランスアはそんな状況での抜擢に見事に応え、チームの窮地を救ってくれた。右も左もわからないから無我夢中で試合に臨む。細かいコントロールができるわけでも、打者との駆け引きができるわけでもない。しかしその一生懸命さと思い切りのよさが好結果を生んだ。1試合マウンドに立つたびに成長していく様子が目に見えるようだった。

8月にはプロ野球タイ記録に並ぶ月間18試合の登板で防御率0・51という成績を残し、月間ＭＶＰに輝いた。シーズン後半は「一岡竜司‐フランスア‐中﨑」という勝利の方程式の一角に入るなど、彼の頑張りが3連覇に大きく貢献したことは間違いない。

リードを奪って後ろで締めるという意味では、２０１８年のチームは完全に〝打高投低〟だった。チーム防御率がリーグ3位（４・１２）なのに対し、総得点は1位（６９７点）。明らかに攻撃力で勝ち取った優勝だと言える。それはチームの中軸を担うタナ・キク・マル世代がこの年29歳という選手として成熟する年代に入ったことも大きい。

これまでカープは、２０１５年最終戦の1安打敗戦に象徴されるように〝投高打低〟のチームだった。しかし数年前からそれが逆転し、「これまで助けられてきたぶん、今度は野手が投手を助けるぞ」という雰囲気が出てきた。

私はこうした状況に対し、今年は投手を育てる年と割り切って、フランスアを筆頭にアドゥワ誠、中村祐太、高橋樹也、高橋昂也、戸田隆矢など多くの若手にチャンスを与えた。そのたびに菊池や広輔はマウンドに駆け寄り、若い彼らを落ち着かせてくれた。こうした成熟した心配りを彼らが自然にできるようになったことも、優勝できた要因である。

野手に関してはシーズン開幕から誠也が四番に座り、野間峻祥が大きくブレイクした。試合出場数は１２６試合で、ルーキーイヤーの１２７試合と一見変わらないように見えるが、デビュー時は代走や守備固めなど途中出場がほとんどだったのに対し、この年はスタメンで出ることも増え、打撃面での成長を見せつけた。さらに誠也と同い年の西川龍馬も自己最高の数字を残し、チームの重心が少しずつタナ・キク・マルから5歳近く下の〝誠也・野間・龍馬世代〟へと移行していった。

また、投手の中では27歳になった大瀬良が15勝をあげ、最多勝と最高勝率の２つのタイトルを獲得。名実ともにカープのエースに名乗りを上げた。

こうしてチームはシーズン中も新陳代謝を行いながら、勝利と育成の両方を追求していったのである。

豪雨災害直後の逆転劇

２０１８年シーズンも開幕４連勝でスタートした。

この年の特徴は連勝と連敗が交互に現れたことだ。春には５連勝→３連敗→５連勝があったし、秋には７連勝の直後の６連敗もあった。浮き沈みが激しく、戦いぶりとしては決して褒められたものではないが、それでも４月末に首位に立って以降、一度もその座を譲ることなく走り抜けた。シーズン中は投手陣が不安定であったにもかかわらず、全員がカバーして勝利を手繰《たぐ》り寄せる試合が続いた。私はチームが成熟し、完成に近づいていることを実感した。

この年、印象的だった試合は７月20日の巨人戦だろう。

７月上旬、広島を大きな災害が襲った。西日本を中心に豪雨が続き、河川の氾濫や土砂崩れが発生。広島でも１００人以上の死者・行方不明者を出した他、家屋への浸水や倒壊などで１万戸以上の住宅が被害を受けた。

この状況に対しカープは7月9～11日のホームゲーム3連戦を中止としたが、災害後初めて広島で野球が行われることになったのが20日の試合だった。

この試合に懸けるチームの意気込みは普段と異なった。カープは昨年まで連覇をしていたが、それは地元ファンの多大な応援があったからであり、これまでもらってきた力を今度はわれわれがお返しする番だ、地元の人たちが苦しい目に遭っている今こそプレイで勇気を与えるんだ――そんな想いがベンチには充満していた。再開後初のホームゲームであるこの試合は絶対勝利をプレゼントするぞ、という強い気持ちにあふれていた。

チームは試合前に被災者の方々のために募金を行い、プレイボール直前には亡くなられた方に黙禱を捧げた。鳴り物を使用した応援は禁止され、いつもと違う雰囲気の中で試合ははじまった。

試合は壮絶な展開になった。安部と松山の本塁打などで2回までに7点を先取するも、先発・野村祐輔が突如崩れ、9回を終わって8‐8の同点に。そして延長10回表、巨人の若き主砲・岡本和真に勝ち越しホームランを浴び、まさかの逆転を許してしまう。

10回裏、一塁にランナーは出したものの、すでに二死という絶体絶命の状況。そこで打席に立ったのが下《しも》水《ず》流《る》昂《こう》（現・楽天）だった。下水流が振り抜いた打球は、吸い込まれるようにライトスタンドのポール際に消えていった。その瞬間、スタジアムが歓喜に包まれた。劇的な再逆転で10

2018年7月20日(金) 広島×巨人◉マツダスタジアム

14回戦[広]10勝4敗0分

	1	2	3	4	5	6	7	8	9	10	R
巨 人	0	0	0	3	3	0	2	0	0	1	9
広 島	4	3	0	0	0	1	0	0	0	2x	10

勝投手：ジャクソン（3勝1敗）　敗投手：マシソン（0勝3敗）

本塁打：[巨]陽5号（4回3点 野村）　[巨]マギー11号（5回3点 野村）
[巨]岡本17号（10回1点 ジャクソン）　[広]安部2号（1回3点 山口俊）
[広]松山9号（2回2点 山口俊）　[広]下水流3号（10回2点 マシソン）

－9のサヨナラ勝利を収めたのである。

私は試合後のインタビューで「広島のみなさんに大きな勇気を与える一打を打ってくれた」と下水流を激賞したが、しばらくは興奮状態の中にいた。

ひとりひとりの想いが結集してひとつの大きなうねりになったとき、言葉では説明できないドラマが起きる。まさにそれを目の前で見せつけられたのだった。

地元胴上げは感謝しかなかった

この年はそうした災害が起こったこともあり、とにかく地元で優勝を決めたかった。

過去2年間は東京ドーム、甲子園で優勝を決めたが、今年こそは絶対に本拠地マツダスタジアムで、広島の人たちと一緒に優勝の瞬間を迎えたい、一緒に優勝を喜びたい――それは選手もスタッフも同じで、悲願と呼べるこの気持ちを軸にチームはひとつにまとまっていた。

そして迎えた9月26日、カープはマツダスタジアムで優勝を決めた。

私は広島の空の下で胴上げをしてもらったが、真っ赤に染まったスタンドを眺めながら宙を舞っている時間は感謝の気持ちしかなかった。そして幸福感に包まれていた。やっと広島の地で優勝を迎えられた喜び、広島のファンに直接優勝を届けられた安堵、そうした想いを身体全体で受け止めていた。

直後のビールかけのときの挨拶で、私は選手たちに「おまえら本当に大したもんだよ」と語りかけたが、それは嘘偽りない本心だった。前年もそうだが特にこの年、私は選手たちの成長とたくましさを感じることが多かった。

この章の冒頭でも書いたように２０１８年は連覇を支えた2人のコーチが去り、スタッフ間でも細かなミスが発生していた。投手陣も万全ではなく、シーズン途中で配置転換するなど綱渡りが続いていた。さらに9月5日には新井が今シーズンでの現役引退を表明。チームを象徴するベテランが抜けるというニュースにも動じず、選手たちは自らの役割を果たし、結果につなげてくれた。もはや私が口に出すまでもなく、「結びに専念すれば、果が生まれる」という教えは当たり前のように選手の中に息づいていた。

リーグ3連覇は球団としては初であり、セ・リーグ6球団の中でも巨人に次ぐ史上2球団目の快挙である。しかし私にとってそれは結果にすぎない。目の前の1試合1試合、1年1年にしっかり向き合って戦った結果、リーグ制覇があり、連覇があり、それが結果的に３連覇まで伸びただけの話だ。ここでもやはり「結びに専念すれば、果が生まれる」が証明されたというだけのことである。

地元・広島での胴上げという目標を達成した後、われわれが次に目を向けたのは言わずもがな日本一である。２年前の悔しさ、そして昨年の屈辱を踏まえた上で、今年のチームに注がれる期待が〝34年ぶりの日本一〟という一点に集中していることを誰もが肌で感じていた。当然チームとしての最終目標もそこに置いていた。

そのためには去年の二の舞は演じてはならない。

絶対に負けられないＣＳファイナルステージ、相手は２位ヤクルトを連破して勝ち上がってきた３位巨人だった。しかも、巨人は菅野智之が球界初となるポストシーズンでのノーヒットノーランを達成するという最高の状態でぶつかることになった。

結果から言えば、チームは第１戦６－１、第２戦４－１、第３戦５－１の３連勝で日本シリーズへの出場を決めた。

このＣＳに関してはスキのない、理想的な野球ができた。まず相手の勢いを削ぐという意味で初戦の重要性は非常に高かったが、それを１点ずつコツコツ奪う攻撃と、最少失点でしのいだ守備、両方が噛み合った戦いで先取した。

スコアだけを見ると3試合とも完勝に見えるかもしれないが、どれも終盤まで競った紙一重の勝負が続いた。その中でチームは試合の主導権を相手に渡さなかった。前年ＤｅＮＡに敗れたときがそうであったように、短期決戦は流れがすべてと言っていい。チームは送りバントを成功させることや、無駄なフォアボールを出さないことで流れを巨人に渡さず、逆に相手のミスにつけ込んだ。

第1戦、勝ち上がってきた相手の勢いを受け止めて勝利し、第2戦、苦しい展開に耐えてワンチャンスをモノにして逆転、そして第3戦は後がなくなった巨人に反撃の機会を与えず、しっかり寄り切って勝負を決めた。1戦目の戦いぶりが2戦目を呼び、2戦目の戦いぶりが3戦目に影響する――チームは短期決戦ならではのゲーム運びを完遂し、文句のない内容でＣＳ突破を決めた。

そして2年ぶりとなる日本シリーズ、相手はここ10年で5度のリーグ優勝、4度の日本一を誇る最強のディフェンディングチャンピオン・福岡ソフトバンクホークスとなった。

総力戦となった日本シリーズ初戦

日本シリーズに臨むにあたっては、10月19日に日本シリーズ進出を決めたとき、まだパ・リーグはCSファイナルステージの真っ最中で、1位の西武と2位のソフトバンクのどちらが勝ち上がるかわからなかった。

　いずれにしても力のあるチームと戦うことになる。なので相手の研究も進めていくが、それと同時に自分たちの野球をミスなく、しっかりやることを第一に意識した。

　対戦相手がソフトバンクと決まったとき、すぐに頭に浮かんだのは、柳田悠岐、松田宣浩、デスパイネ、内川聖一らを擁する強力ホークス打線をいかにして抑えるかということだった。

　前述したようにこの年のカープは〝打高投低〟であり、投手陣に不安があった。翻《ひるがえ》ってソフトバンクは一見、打のチームと見られがちだが、投手陣も非常に強力で、さらに工藤公康監督は普段は先発要員の武田翔太をCSで〝第2先発〟として使うなど、ただでさえ厚い中継ぎ陣をさらに厚くして短期決戦に臨んでいた。

　相手の戦力と比較すれば、打撃面では互角に戦えたとしても、投手面では分が悪い。2年前の日本シリーズでは同じ投手を使い続けたせいで最後に息切れしてしまったし、前年のCSファイナルステージではラミレス監督の〝マシンガン継投〟に封殺されてしまった。過去の戦いを見ても、短期決戦で中継ぎ投手が重要になることはわかっていた。

　私はこのシリーズ、ペナントレースでは先発を務めていた岡田明丈を中継ぎに回し、さらにシーズン中は7試合しか登板していないヘルウェグを隠し玉として中継ぎに置いた。一岡、今村、

2018年10月27日（土）広島×ソフトバンク ◉マツダスタジアム

SMBC日本シリーズ第1戦

	1	2	3	4	5	6	7	8	9	10	11	12	R
ソフトバンク	0	0	0	0	2	0	0	0	0	0	0	0	2
広　島	2	0	0	0	0	0	0	0	0	0	0	0	2

本塁打：［広］菊池1号（1回1点 千賀）

ジャクソン、フランスア、中﨑、中田廉といったいつもの面々にこの2人をプラスすることで強力打線に立ち向かおうとしたのである。

その読みはさっそく第1戦で当たった。

ホームのマツダスタジアムで行われた第1戦は両チームとも5回までに2点ずつを取り合うと、そこからは互いに一歩も譲らない緊迫した投手戦となった。どちらも次々と投手を代えて主導権を奪おうとするも決定打が出ず、結局6回から延長12回まで両チーム合わせて14個のゼロを並べ、試合は2－2の引き分けで終わった。

・第1戦（広島）　広島2－2ソフトバンク（延長12回）

この試合、ソフトバンクも計7人の投手を使ったが、カープも大瀬良－岡田－一岡－フランスア－中﨑－ジャクソン－ヘルウェグ－中田と8人のリレーを行った。

このとき頭にあったのは「いい投手からどんどん出していく」「危ないと思ったら躊躇《ちゅうちょ》なく代える」ということである。ソフトバンク投手陣が相手なら大量点は望めない。だから5回に大瀬良が2点を失うとすぐ継投に入った。11回、ジャクソンは二死までとったが、危うい空気があったため即、ヘルウェグにスイッチした。さらにレギュラーシーズンでは4連投以上はさせないという決め事があったが、日本シリーズに関してはピッチングコーチ、トレーナーとも話し合い、全試合投げるつもりでスタンバイしてもらった。

とにかく4試合を先に勝ち取るために、できることはすべてやる——それがこれまでの失敗から学んだ私なりの短期決戦のセオリーだった。結果、このシリーズは初戦から両者の意地と意地がぶつかり合う4時間38分にも及ぶ総力戦となった。

両チームともにチャンスがあり、ピンチがあった。どちらが勝ってもおかしくなかった。実力は拮抗しており、四つに組んだまま譲らない——一体これからどんなシリーズになるのか、まったく予断を許さない幕開けとなった。

鷹の底力

・第2戦（広島）　広島5－1ソフトバンク

続く第2戦はこちらが勝利した。攻撃的には初回に相手選手のミスで先制点を奪うと、3回に

2018年10月28日(日)広島×ソフトバンク●マツダスタジアム

SMBC日本シリーズ 第2戦

	1	2	3	4	5	6	7	8	9	R
ソフトバンク	0	0	0	0	0	0	1	0	0	1
広　島	1	0	2	0	2	0	0	0	x	5

勝投手：ジョンソン（1勝0敗）　敗投手：バンデンハーク（0勝1敗）

も相手のエラーから加点、さらに5回に誠也のタイムリーで突き放すという理想的な展開だった。やはりミスをすると流れが相手に渡ってしまう。それを逃さず得点につなげ、つかんだ流れをジョンソン－フランスア－中﨑のリレーで守り切った。普段通りの野球で1勝1分けとし、チームは福岡に乗り込んだ。

第3戦は再び壮絶なゲームとなった。

相手の先発はミランダ。この年に入団してシーズン中は8試合しか登板していない投手で、データが少ない中での対戦となった。カープは好機を作るものの得点に結びつけられず、そうこうしている間に先発の九里亜蓮が四球をきっかけに先制点を献上してしまった。チャンスを潰し、四球を出していると試合の流れを手放してしまうという悪循環である。

好調の打線はすぐに反撃を開始する。だが得点をあげてもあげても投手陣が踏ん張れない。得点の直後に失点してしまう。気が付けば試合は7回終了時点で3－9とワンサイドの様相を呈していた。やはり戦前の予想通り、投手陣の不安が現実となった格好だった。

それでも試合はそのまま終わらなかった。6点差を追う8回表、カープは

2018年10月30日(火)ソフトバンク×広島◉ヤフオクドーム

SMBC日本シリーズ第3戦

	1	2	3	4	5	6	7	8	9	R
広島	0	0	0	0	1	2	0	5	0	8
ソフトバンク	0	0	0	2	2	4	1	0	x	9

勝投手:ミランダ(1勝0敗)　敗投手:九里(0勝1敗)　セーブ:森(1S)

本塁打:[広]安部1号(5回1点 ミランダ)・2号(8回4点 加治屋)

[広]鈴木1号(6回1点 ミランダ)・2号(8回1点 加治屋)

[ソ]デスパイネ1号(6回3点 岡田)[ソ]髙谷1号(7回1点 中田)

誠也の2打席連続ホームラン(ソロ)と安部のこの日2本目となるホームラン(満塁)で一挙5得点をあげ、1点差まで肉薄した。球場は「〝逆転のカープ〟の本領発揮か!?」と俄然盛り上がったが、最終的には相手の継投策により逃げ切られてしまった。

・第3戦(福岡)ソフトバンク9-8広島

この試合、9得点を奪ったソフトバンクが12安打なのに対し、カープは16安打を放っている。打線においては上回ったものの、やはり9点も取られては試合にならない。

ただ、最後まで試合をあきらめず戦った選手たちはたくましかった。こんな大舞台で2本の本塁打を打つ誠也も安部もすごいが、大量点を奪われても目の前の1点をとりにいく普段の野球ができていたからこそ最小点差まで迫ることができたのだ。どんな状況であろうと各自が自分に課された役割を果たしていく。日本シリーズという特別な舞台でもそれを実践できる選手たちの姿に、成長の跡を感じないわけにはいかなかった。

そして1勝1敗1分けのタイで迎えた第4戦、ここで勝負の分かれ目となったのはソフトバンクの守備力だった。

前夜は1点差まで追いすがる粘りを見せた翌日の第4戦、初っ端《ぱな》の1回表、カープはさっそくチャンスをつかんだ。1死1塁でランナーは俊足の菊池。菊池は丸のツーベースにサードを蹴って本塁に突入するが、外野からの流れるような連係プレイでタッチアウト。カープは先制点のチャンスを逸するとともに、つかみかけた試合の流れを相手に手渡してしまう。

連係プレイによる本塁憤死は、翌日のシリーズ第5戦でも飛び出した。2回表、1点を先制してなおも1、2塁というチャンス。野間の右前打に2塁走者の安部は本塁を狙ったが、上林誠知のダイレクト返球で刺され、1点止まりで終わってしまった。

これら試合序盤に飛び出した2つのビッグプレイは、試合の行方を左右したと同時にシリーズの運命をも決定づけた。先制点をとって試合の主導権を握ろうとしたわれわれは、勢いに水を差されてしまった。逆にこちらの攻撃を阻止したソフトバンクは落ち着きを取り戻し、自信を持って反撃に出ることになった。

結果的にこの2試合ともカープは競り負け、崖っぷちに追い込まれることになる。われわれはソフトバンクの攻撃力、投手力についてはおおいに警戒していたが、意外な伏兵と呼べる〝ソフ

2018年10月31日(水)ソフトバンク×広島◉ヤフオクドーム
SMBC日本シリーズ第4戦

	1	2	3	4	5	6	7	8	9	R
広島	0	0	0	1	0	0	0	0	0	1
ソフトバンク	0	0	2	1	0	1	0	0	x	4

勝投手：東浜（1勝0敗）　敗投手：野村（0勝1敗）　セーブ：森（2S）
本塁打：［広］鈴木3号（4回1点 東浜）
［ソ］上林1号（3回2点 野村）［ソ］デスパイネ2号（4回1点 野村）

トバンクの守備力〟によって日本シリーズの行方は動いていくことになる。

・第4戦（福岡）ソフトバンク4－1広島
・第5戦（福岡）ソフトバンク5－4広島

広島の足VS甲斐キャノン

ソフトバンクの守備については、避けて通れない男がいる。捕手・甲斐拓也である。彼は〝甲斐キャノン〟という流行語を生み出すほどの強肩を見せ、シリーズ新記録となる6連続盗塁阻止を達成。見事シリーズMVPを獲得した。彼はシリーズ中14打数2安打で打率・143、打点はゼロ。つまり打撃面ではほぼ貢献してないが、そうした選手がMVPを獲得したという事実を見ても、いかにこのシリーズが〝守備の日本シリーズ〟だったかということがよくわかる。

このシリーズ、カープは仕掛けた盗塁をことごとくアウトにされた。

2018年11月1日(木)ソフトバンク×広島●ヤフオクドーム
SMBC日本シリーズ第5戦

	1	2	3	4	5	6	7	8	9	10	R
広島	0	1	0	0	2	1	0	0	0	0	4
ソフトバンク	0	0	0	2	1	0	1	0	0	1x	5

勝投手：加治屋（1勝0敗）　敗投手：中﨑（0勝1敗）
本塁打：［広］丸1号（5回2点 モイネロ）［広］會澤1号（6回1点 武田）
［ソ］明石1号（7回1点 フランスア）［ソ］柳田1号（10回1点 中﨑）

第1戦は2回（そのうち1つは捕手・高谷裕亮によるもの）、第2戦は2回、第3戦は1回、第4戦は1回、第6戦は2回。チームは甲斐キャノンによって計7つのアウトを喫したことになる。そのたびに攻撃の芽は摘まれ、リズムは断たれた。それでもカープは走り、それを甲斐が阻止するものだから、途中からメディアは「広島の足vs甲斐キャノン」という構図で騒ぎ立てるようになった。

このときももちろん甲斐対策はとっていたが、相手の方が上回っていたと認めるしかない。こちら側の相手バッテリーへの対策と、ソフトバンク側によるわれわれの機動力に対する対策、両者がぶつかった結果、軍配が向こうに上がったのだ。

仮に甲斐キャノンを気にして走らなかったとする。当然、われわれの最大の武器は機動力であり、それを封印すればまるで違う野球になってしまう。それではカープの野球を自ら放棄することになる。

別の見方をすれば、このときのソフトバンクにはわれわれが目指していた野球を一段高いレベルでやられたとも言える。緻密でミスの少ない野球。1点を大事にして、1点を守り切る野球。豪快な打撃や華麗な投手陣が目を引きやすいが、彼らが地道に鍛えてきた守備での連係が一番大事なところで発揮されたのがこの年の日本シリーズだった。

ただし第4戦は1-4と敗れたものの、収穫もあった。20歳になったばかりのアドゥワ誠、23歳の中村祐太といった若い投手を投げさせることができたのだ。日本シリーズという大舞台で登板することなど野球人生でなかなかないことであり、彼らにはこの経験を活かしてカープの主力選手に育ってほしい。2人はわれわれの期待に応え、1回ずつをきちんとゼロで抑えてくれた。

第5戦は先制点をとったものの、試合はシーソーゲームでどちらに転ぶかわからない展開となった。カギとなったのは丸佳浩と柳田悠岐という両チームの主砲だった。この試合まで両チームの対・丸、対・柳田対策が功を奏し、2人は完璧に抑え込まれてきた。

そんな中、5回に丸が2ランを放ち、チームは3-2と逆転した。リーグMVPを獲った男の復活にチームのムードは一気に高まった。しかし1点リードで逃げ切りを図ったところでフランスアが明石健志にまさかの一発を浴びて同点に持ち込まれてしまう。これまで付け入る隙のない投球をしていたフランスアが、レギュラーシーズンで1本しか本塁打を打っていない明石に打たれたのはショックだったが、それがソフトバンクの底力だった。

幕切れは劇的な形で訪れた。

一進一退の攻防戦は延長10回、今度は柳田がバットを折りながら右翼ホームランテラスまで運ぶサヨナラホームラン……。

これでチームは3連敗となってしまった。

ソフトバンク、王手。

カープはもう後がない状態で、ホーム広島に帰ることになった。

運命のビデオ判定

第6戦も、われわれは攻めた。

初回、先頭の田中広輔がヒットで出塁した。バッテリーは第2戦と同じバンデンハークと甲斐のコンビ。丸が打席に立ったとき、私は広輔に走らせた。

判定は……セーフ！

これにはベンチもスタンドもおおいに沸き立った。あれほど注目された「広島の足vs甲斐キャノン」の戦いにおいて、6度目の正直でついに勝ったと思えたからだ。ずっと苦しめられてきた難敵・甲斐キャノンを攻略したことでムードも変わり、シリーズの流れもひっくり返せるのではないかという予感が漂った。

しかしここでも駆け引きが起こった。工藤監督はビデオ判定のリクエストを要求。リプレー検証の末、判定はアウトに覆り、われわれは先制のチャンスを逸してしまった。同時に膨らみかけた逆襲への期待感も一瞬にして消え去ってしまった。

もしもこのビデオ判定がセーフだったら、シリーズの流れは変わっていたのではないか？　ホームに帰ってきて甲斐キャノンを突破したことで、全体の流れはひっくり返ったのではないか？

――そんなふうに言ってきた人が何人もいる。

だが、野球選手はタラレバを言ってはダメなのだ。「もしも……」を言ってはいけないのだ。たとえ納得できない判定であれ、過去に引っ張られる気持ちが残っていたら、選手はもう前を向いて戦えない。タラレバとは結局敗因を何かのせいにしているわけで、結果を受け入れない限り、選手は前に向かって進めない。

日本シリーズという短期決戦だからワンプレイ、ワンプレイに注目が集まるが、レギュラーシーズン１４３試合の中でもそういった〝運命の分岐点〟は何百個もあるし何千個もある。そのひとつひとつに心を乱されていてはいけない。起こったことは起こったこととして受け入れ、気持ちを切り替えて前を向くしかない。なぜならすべては一瞬に起こり、今、今、今……と目の前の出来事は次々と過去に流されていくからだ。

だから反省はするが後悔はしない。

すべての経験はその精神で、次に生じる未来のために活かすしかない。

2018年11月3日(土) 広島×ソフトバンク ◉マツダスタジアム
SMBC日本シリーズ第6戦

	1	2	3	4	5	6	7	8	9	R
ソフトバンク	0	0	0	1	1	0	0	0	0	2
広　島	0	0	0	0	0	0	0	0	0	0

勝投手：バンデンハーク（1勝1敗）　敗投手：ジョンソン（1勝1敗）　セーブ：森（3S）
本塁打：［ソ］グラシアル1号（5回1点　ジョンソン）

・第6戦（広島）　広島0－2ソフトバンク

結局、この年もカープは日本一になれなかった。私の監督としての2度目のチャレンジも未完に終わった。

自分の中ではこれまでの経験を踏まえ、できる限りの分析を行い、戦略を立てた上で臨んだシリーズだった。しかし勝つことはできなかった。「負けに不思議の負けなし」という言葉通り、最終的なチーム力の差が厳然とそこに表れたのだった。

「日本一、頼みますよ！」「もう頂点しかないぞ！」と応援してくれたファンの想いは痛いほど感じていたし、その期待に応えられなかったことは本当に申し訳ない。だが選手たちは持てる力をすべて出してくれた。自分としてもやれることは精一杯やった。

だから悔いはない。結果に対する無念の想いはあるが、後悔についてはまったくない。

ちなみに日本シリーズ中の私の行動もいつも通りだった。

私は朝、球場に来てソフトバンクの映像を分析し、スコアラーと作戦を練り、トレーナーに選手の体調を確認し、コーチと意見をすり合わせ、選手たちが練習する姿を観察して試合に臨んだ。試合が終わった後は直前までやっていた試合の映像を再見し、自分たちの作戦は的確だったか、相手の対策はどうだったのかスタッフと協議し、反省した。翌日の試合にはそこで得た気付きを反映させ、新たな気持ちで挑んだ。

それはシーズン中からずっと同じで、いついかなるときもまったく変わらなかった。

だから悔いが残らなかったのかもしれない。私はいつもと同じように目の前の〝結び〟を全力で突き詰めた。私はそれしかできなかったし、自分ができることはとにかくやり切った。

だから自分でも不思議なくらい悔いというものが残らなかったのかもしれない。

第7章

●2019年

王者の試練
突き付けられた〝勝ち続ける〟困難

2019年データ◯セントラル・リーグ最終成績

順位	球団	勝負/分	勝率	差
優勝	読売ジャイアンツ	77／64／2	0.546	—
2 位	横浜DeNAベイスターズ	71／69／3	0.507	5.5
3 位	阪神タイガース	69／68／6	0.504	6.0
4 位	広島東洋カープ	70／70／3	0.500	6.5
5 位	中日ドラゴンズ	68／73／2	0.482	9.0
6 位	東京ヤクルトスワローズ	59／82／2	0.418	18.0

3連覇を支えた主力選手の退団

２０１９年、私の監督5年目のシーズンがはじまった。

先に断っておくと、私はこのシーズンをもってカープの監督を退任する。最後の試合が終わった後、「最初からこの年に辞めることを決めていたのか？」という質問をよく受けた。

それについてははっきり言って、まったく思っていなかった。私の頭にあったのは、常に目の前の1年1年を戦うというそれだけである。

逆に言えば、私は毎年、自分が来年も監督を務められると思うこともなかった。もともと私は1年ずつの契約であり、複数年契約という長期の保証があったわけではない。それに監督という仕事はファンの期待に応えるのが役割で、結果がすべてだと思っていた。結果が出なければその場でユニフォームを脱ぐべきだと思っていた。

1年目こそ4位という成績にもかかわらず続投させてもらったが、2年目以降は優勝できなければいつでも責任をとって辞めるつもりだった。たまたま3連覇したので3年間辞めなかっただけで、結果が出なければ在任期間2年でも3年でも辞めていたし、逆に4連覇、5連覇と続いていたら監督期間も6年、7年と延びたかもしれない。

だから当然、２０１９年も「この年が自分にとって最後の年になる」と思って入ったわけではない。私は今年は４連覇を達成し、なおかつ今年こそ日本一になるという目標を立ててシーズンに臨んだ。過去の結果にあぐらをかくのではなく、挑戦者の気持ちで新たなる戦いに向かった。私は例年同様、いつ終わりになっても仕方ないという覚悟で、チームづくりという目の前の〝結び〟に集中していただけである。

そのチームづくりについて、この年は大きな変化が起こった。

チームの３連覇を支えた主力選手が何人も抜けたのだ。黒田引退後チームの精神的な支えだった新井が引退、２年連続セ・リーグＭＶＰに輝いた丸がＦＡで巨人に移籍、外国人選手としてカープ歴代最長となる７年間の在籍を誇った大砲・エルドレッド、頼れるセットアッパーとして活躍したジャクソンが退団……。

若手育成により組織の刷新を図るのは毎年の取り組みだが、こうした外的要因によりこの年はそれをいっそうダイナミックに行わなければならなくなった。私はいつものようにこれをピンチではなく、チーム力を底上げし、新たな形に進化させるためのチャンスと捉えた。チームづくりとは終わりのない作業であり、私はまた新しい体制を整えてペナントレースに挑むことにした。

もちろんそこには勝算もあった。実力者である丸が抜けた穴は大きいが、丸に替わって首位打者経験もある長野久義が加入した。外野手としては入団５年目の野間がレギュラーまであと一歩というところまで来ているし、打撃面での進境著しい西川も出場機会を増やすため外野にコンバートした。エルドレッドの抜けた長距離砲の枠はバティスタやメヒアの成長に託し、新井が担っていた野手陣の精神的支柱の役割は石原慶幸がカバーしてくれるのではないかと期待した。さらにドラフトでは4球団の競合の末、小園海斗という次世代の有望株を引き当てた。

そう考えると戦力的に大きく落ちることはないと思えたし、これをきっかけに若手が一皮むけてくれれば面白いチームができるのではないかという手応えもあった。

慣れない状況で集中力を切らす

そして挑んだ新シーズンはスタートダッシュに失敗した。開幕5カード連続で負け越し、4月中旬には最下位に沈んだ。

この年は奇妙なシーズンだった。最下位の状態から8連勝で順位を上げると、5月に入ってからは11連勝を含む20勝をあげ、チームの月間勝利記録を更新して首位に躍り出る。それが6月、交流戦に入ると再び暗転。チームは5勝12敗1分けと振るわず、交流戦最下位に沈み、そこから引き分けを挟んで11連敗——あっという間に転落した。だが、それが終わると今度は9連勝、チームはまたまた浮上する……。

よく「ジェットコースターのような」というたとえがあるが、ここまで激しく上下動するジェットコースターというのはなかなかお目にかかることがない。前年の２０１８年も連勝と連敗を繰り返したが、この年の比ではなかった。

本当に同じ選手がプレイしているとは思えないほど、チームは大型連敗と大型連勝を繰り返した。１週間前は先が見えないドロ沼にはまっていたかと思えば、翌週には負ける気がしないほどの快進撃を繰り広げた。チームはシーズンがはじまって８月の声を聞くまでは、勝つときはとことん調子がいいが勝てなくなると一切勝てなくなるという具合に、好不調の波が激しかった。

その背景にあったのは、３連覇を支えた中心選手の離脱だった。

まず野手では田中広輔が極度の不調に陥った。開幕時は定位置の一番で起用したが、打撃不振により打順を下位に移し、それでも復調しないため６月にはスタメンから外した。広輔は２０１５年からフルイニング出場を続けており、応援してやりたい気持ちもあったが、この状態では致し方なかった。

これでチームは看板のタナ・キク・マルから２人を失い、センターラインの２つのピースが欠けた状態で戦わざるを得なくなった。

投手に関しても試合を締めくくるクローザーとして盤石の安定感を誇ってきた中﨑が不調で離脱。その前でセットアッパーを務めてきた一岡も故障に見舞われた。常々重要だと説いてきた勝利の方程式が大きく崩れた。

ただでさえ主力選手が抜けた2019年、残った主力も3連覇を果たしたことによる勤続疲労で次々と戦列を離れていった。序盤の連敗はそれが原因であり、チームは予想を超えたアクシデントの連続に目の前の試合を戦いながら対応していかなければならなかった。

それゆえ2019年は打順にしろリリーフ陣にしろ、ずっと理想形を模索していた。若い選手を試し続けた。どうすれば打線が流れるのか、どうすれば継投がうまくいくのか、いろんなカタチにトライした。

主力は流出したかもしれないが若手にも力のある選手は多いので、うまくハマったときは連勝した。しかし落ち着かない状況のせいかミスも生まれ、勝てる試合をたびたび落とした。選手たちはこれまでできていた目の前の〝結び〟に集中することが難しくなっていた。

たとえ若い選手を抜擢して持てる力を発揮しても、彼らはその状態を長続きさせることができない。新しい才能の活躍で瞬間的にチームは盛り上がるが、少し研究されれば打てなくなったり抑えられなくなったりする。そうするとまた別の誰かを抜擢し、ハマると連勝、それが続かなくなると作り直し――チームは果てなき試行錯誤の道を進んでいった。

苦肉の策でルーキーを起用

とにかくこの年は多くの若手にチャンスを与えた。

投手陣では3年目の床田寛樹がローテーションに食い込み、2年目の遠藤淳志、ドラフト2位ルーキー・島内颯太郎が中継ぎとして活躍。3年目のアドゥワ誠、2年目の山口翔、ドミニカからやって来たモンティージャらも先発のマウンドを経験した。

野手に関しては、不調の広輔に代わってドラフト1位で入ってきたばかりの小園海斗をショートに起用した。小園はこのルーキーイヤーに58試合に出場。他にも支配下契約3年目のメヒアが56試合、捕手の磯村嘉孝が65試合、坂倉将吾が51試合出場と出場試合数を大幅に伸ばした。

こうした若手の抜擢について言えば、特に投手は「1試合でもいいからハマってくれ」という気持ちも強かった。それくらい投手陣の頭数がひっ迫していた。しかしチームの方針はあくまでも〝勝つための育成〟であり〝育成のための試合〟ではない。だから調子が出なかったり勝負に悪影響を及ぼすようなら使えない。その判断の線引きは非常に難しかった。

その最たる例が小園である。当初、小園は二軍でじっくり育てる方針だった。鳴り物入りで入団してきたとはいえ、数ヶ月前までは高校生だった新人である。オープン戦ではそれなりにできるところをアピールしたし、将来的には広輔とショートを争う存在になってほしいが、初年度は基礎体力から鍛えるつもりで開幕時点では二軍に送った。

しかし広輔の不調でそうもいかなくなった。小園も二軍で成績を残していたため、さっそく一軍に合流させた。そしてスタメン抜擢。小園は初スタメンの初打席で初安打を記録するなど大物ぶりを発揮する一方、タイムリーエラーの連発といった拙《つたな》い部分も露呈してしまう。

彼が一軍で戦うには時期尚早であることは誰よりも私が熟知していたが、同時に若手に経験を積ませる必要性もわかっていた。小園が広輔を実力的にしのぐにはまずは基礎体力をつけなければならないし、技術の向上も不可欠だし、何といっても経験を積まなければいけない。本来はあと3年4年とかかるところを1年目で試合に出しているのだから、ミスをするのは当然である。

若手の成長のためには試合に出さなければならないが、目の前の勝利のためには実力が足りない。そもそも主力の離脱でチームは頭数が足らないため新しい力を投入せざるを得ないし、うまくハマっても未熟さゆえに長続きしない——われわれは勝利と育成の狭間でスクランブル操業を続けるしかなかった。

その結果、多くの試合を落としたが、多くの若手が経験を積んだ。

それをプラスととるかマイナスと捉えるかは、彼らの今後の成長が決めてくれることだろう。私としては〝勝利と育成〟の両立を義務付けられたカープの監督としての責任は最後まで果たしたつもりである。

2つの事件

そうした不安定な戦いぶりの中で、私はひとつの事件を起こした。

6月30日。それは交流戦を終えた直後のDeNAとの3連戦の3戦目だった。前述したようにチームは交流戦で最下位に沈み、負のサイクルから脱しようともがいていた。

試合は9回まで2－1と勝ち越していた。ただし10安打を放つものの得点はメヒアの2ランのみという拙攻が続いていた。逃げ切りを図ろうと9回裏に新守護神のフランスアを送るも打ち込まれ、延長戦に突入した。

11回表1死ランナーなし、私は代走として出場した野間をそのまま打席に立たせた。野間が引っかけた打球はフラフラと真上に上がり、投手のエスコバーがグラブを構えた。野間は打球の行方をしばらく見つめると、バットを放り投げて一塁へと走りはじめた。しかしそこには一刻を争うような切迫感もなければ、全力プレイの片鱗もなかった。私には打ち上げてしまったポップフライを見上げ、「やっちゃったな……」と首をかしげる怠慢走塁にしか見えなかった。

その平凡なフライをエスコバーが落球した。それに気付いた野間はあわててギアを上げたが、もう遅い。間一髪でファーストはアウト。もちろん最初から全力で走っていればセーフのプレイである。

私はベンチに帰ってきた野間に手を上げた。
それは私にとってどうしても許せないプレイだった。どんな打球であれ、打ったら全力で走る。どんな状況でも最後まであきらめずに戦う。私は全力を尽くすことの重要性を常に選手に説いてきたつもりだし、それがファンの前で試合をするプロ野球選手として最低限の礼儀だと思っていた。

しかし野間はそれを怠った。野間はこの年、シーズン前の二軍戦でもホームベースを踏み忘れるという凡ミスを犯していた。しかも彼の場合、前年に過去最高の成績を残し、今年はレギュラーの座をつかんでほしいと誰もが期待している中での失態である。スタッフ一同が「もっと成長してほしい」と願っている中でのこのプレイに対し、私は怒りを抑えられなかった。

さらにこの夏、もうひとつの事件がチームを襲った。

年々日本の野球に適応し、この年は三番として丸の抜けた穴を埋めていたバティスタがドーピング違反で突然離脱することになったのだ。

この年は広輔、丸が抜けたことで新打順の構築に苦労したが、夏場にきてやっと一番・西川、二番・菊池、三番・バティスタ、四番・誠也、五番・松山という最適解に辿り着こうとしていた。その中でバティスタは26本塁打64打点と見事な活躍を見せてくれた。長らく苦しんだ打順も固定され、ここから巻き返しを図っていこうとした矢先、主力に定着した選手がいなくなってしまった。「なんでこんな大事な時期に！」とチームは激しく動揺した。

チームは大きな戦力を失うことになった。バティスタは5ゲーム近く離されていた首位・巨人を追撃するための重要なピースであり、〝２０１９年型カープ〟を象徴するニュースターだったのだ。

しかし全ては現実である。シーズンを戦う上で予想外の出来事というのは必ず何度か発生する。それも踏まえてやっていかなければならないのが監督という仕事なのだ。

いいときこそ悪いときのために備えなければならないし、悪いときこそいいときにつなげるための新たな種を蒔かなければならない。

私はバティスタ離脱後も、「いいときも悪いときも常に目の前の〝結び〟を怠らないのが監督である」という想いで淡々とやるべき作業を続けたが、シーズン終盤はどうしても勝ちきれない試合が増えていった。

辞意を固めて臨んだ地元最終戦

5年間の在任期間で私は4位、1位、1位、1位、4位という成績を残したが、3連覇を挟んだ前後の２０１５年と２０１９年はどこか奇妙に一致している。それはどちらも最終戦に勝てなかったことで3位に入れず、最後の最後でＣＳへの出場権を逃してしまったことである。

この年、チームは連勝連敗を繰り返しながらも多くの若手選手の力を結集し、なんとかAクラスの座は死守していた。ペナントレースの覇者はほぼ巨人で決まりだったが、ＣＳに進出すれば下剋上の可能性は残るし、日本シリーズに出場して去年の借りを返すこともできる。われわれはシーズン終盤に入っても集中力を切らすことなく戦いを続けていた。

しかしそれ以上に4位阪神の勢いが勝っていた。われわれは勝てば自力でＣＳ進出を決められる直接対決に敗れ、さらにこれに勝てば自力でＣＳ進出を決められる最終戦でも敗れてしまった。一方の阪神はあと1敗もできないという状況の中、残り6試合を全勝で駆け抜けた。

われわれは先に全試合を消化し、阪神の結果待ちとなっていたが、阪神が最終戦に勝利したことで4位転落が決定。最後の希望であったＣＳ進出の夢は潰えてしまった。4年前と同じく1勝の差でＣＳ行きのチケットがスルリと滑り落ちたのである。

私にとって監督1年目の２０１５年は〝勝つこと〟の難しさを教えてもらった年であり、最終年である２０１９年は〝勝ち続けること〟の難しさを教えてもらった年だった。

この年、地元最終戦が行われた9月27日、まだ阪神の結果次第でどうなるかわからないという状況の中、私はファンに対して以下のような挨拶をした。

「今日で２０１９年度レギュラーシーズン、全試合の戦いが終わりました。

カープファンの皆様、１年間ご声援誠にありがとうございました。

今シーズンも開幕戦から、そして今日の最終戦まで、このマツダスタジアムを真っ赤に染めて声援をいただきました。そして選手に大きな力を、勇気をいただきました。本当にありがとうございました。

今シーズン、４連覇という大きな目標に向けての挑戦のシーズンでしたが、開幕からいいスタートが切れず、大きな連勝をしてもまたその後大きな連敗をしてしまうという、厳しいシーズンの戦いでした。その中でも選手は最後まであきらめずに全力でプレイをしてくれました。本当に頑張ってくれました。

シーズンのこの結果、ファンの皆様の期待に応えることができなかったのは、監督としての責任です。そして今日の最終戦も勝つことができず、順位が確定できずに本当に申し訳ありませんでした。今シーズンのこの経験、悔しさをもって来シーズンのペナントを奪回できるように、またチーム一丸となって頑張って参ります。

１年間ご声援ありがとうございました」

この言葉を発したとき、私はすでに監督を退くことを決意していた。辞意をすでに球団に伝えた中で地元最終戦の挨拶に向かっていた。

私が辞意を固めたのは9月の中旬頃、巨人がほぼ優勝を手中に収め、4連覇が現実的に不可能となったときである。私は監督就任時に声をかけられた鈴木球団本部長に連絡し、

「今年でユニフォームを脱ごうと思います」

と伝えた。鈴木本部長からは「もうちょっと考えてみてくれ」と言われたが、私の決意は揺るがなかった。監督2年目以降、「優勝できなければ辞める」という〝辞表届〟はいつも心の中にしまっていた。仮にチームがＣＳに進出し、そこを勝ち上がって日本一にでもなれば別だったかもしれないが、それ以外であれば結果は結果、責任は責任である。

鈴木本部長はいったん持ち帰ってオーナーと協議すると言ったが、巨人の優勝が決定した頃には私の辞任は了承されていた。

監督辞任に関しては、本来は地元最終戦のときに発表したかったが、最終順位が決まっておらず、ＣＳ出場の可能性もまだ残っていたため言えなかった。だから選手にもそのことは伝えられなかった。

そして3日後の試合で阪神が勝利し、チームは4位転落。ＣＳ出場は泡と消えた。ＣＳがなくなったことで、自動的に今シーズンのチームの活動は終了することになった。

その瞬間、私は自分がカープのユニフォームを着る機会は、この先一度もないことに気が付い

た。カープの監督としてファンの前に立ち、カープの監督としてマツダスタジアムでチームの指揮を執る——そんな瞬間はもう二度と訪れないことに気付いて愕然《がくぜん》とした。

退任会見の裏で

ＣＳ進出が断たれた9月30日から一夜明けた10月1日、私は記者会見を開いてカープの監督を退くことを発表した。

5年前の監督就任会見と同じく、紺地に〝H〟の文字が白く映える球団旗の前で私は口を開いた。

「今シーズンをもってユニフォームを脱ぐことになりました。先ほど松田オーナーにシーズンの結果報告をして自分の意志を伝え、了承していただきました。カープに入団してから選手、コーチ、監督として33年間ユニフォームを着せていただきました。カープ球団、松田オーナーに対して心から感謝しています……」

監督を辞めること、そして33年間在籍したチームを離れることに淋しさはなかった。監督を引き受けたときからこれが球団に対する最後の恩返しだと思ってきたし、いつか訪れる瞬間だと覚悟していた。

自分の中でひとつの区切りを迎えたということだった。5年間に及ぶ激務によって心は疲弊していたし、選手からコーチ、コーチから監督と33年間休みなく走り続けてきたことで身体も悲鳴を上げていた。

これが終われば、やっとひと息つける……。

「今シーズン4連覇、悲願の日本一という目標の中で戦ってきましたが、目標を達成することなく、期待に応えることができずに、本当に監督としての責任なので、申し訳ない気持ちでいっぱいです……こういう言い方は適切かどうかはわからないけど、貴重な時間をすごさせていただきました。自分の中ではめいっぱい、全力で最後までやり切ったなと、そういう思いでいます……」

「ここからユニフォームを脱いだ先のことは本当にまったく考えていないし、本当に〝いちOB〟として選手たち、カープを見守り、応援していこうと思っています……」

私のカープ監督としてすごした5年間、広島カープの人間としてすごした33年間が静かに終わろうとしていた。

しかし監督としての最後の仕事となる〝退任の辞〟に向かいながら、私の心は実はそこになかった。いや、会見の冒頭からずっと、私の心は違う場所をさまよっていた。

会見をしている間にも、私のスマートフォンには次々と家族からのメールが届く。

監督退任会見のまさにその裏側で、私にとってはもうひとつの重要な事態が進行していた。

終章

今はまだ、栄光への途中

〝わが子〟を失った闇の中で

カープの退任会見の日の朝、私はいつものように愛犬・優勝を連れて散歩に出ていた。それは彼がわが家にやって来て3年半の間、私が家にいるときは常にやっている日課だった。

しかし家に帰る直前から優勝の様子がおかしくなった。ハアハアと舌を出し、苦しそうにしている。確かに季節は秋にもかかわらずここ数日は暑い日が続き、前日の散歩のときも苦しそうに息をしていた。

だが、この日の様子は異常だった。家に着く前に歩けなくなり、抱えて帰ると痙攣《けいれん》を起こした。そんなこと、これまで一度もない症状だった。

私は優勝の様子が気になって仕方なかったが、この日は記者会見があった。私の監督としての最後の仕事であり、カープの人間としての締めくくりの仕事だった。

私は行かなければいけなかった。後ろ髪を引かれながらも優勝を家族に託し、会見場であるマツダスタジアムに向かった。

部屋には多くの取材者が座り、私は退任の挨拶に入ったが、優勝のことが気になって仕方なかった。心の半分がちぎれて彼のそばに行きたがっていた。

「……今シーズン4連覇、悲願の日本一という目標の中で戦ってきましたが、目標を達成することなく、期待に応えることができずに、本当に監督としての責任なので、申し訳ない気持ちでいっぱいです……」

そう話している間にも私のスマートフォンには次々とメールが届く。差出人は家族だ。「いま病院に着いたから」「いま点滴してもらってる」……もちろん私はメールを見ることはできない。ただ祈ることしかできない。まさか……どうしてこんな日に……。

「……ここからユニフォームを脱いだ先のことは本当にまったく考えていないし、本当に〝いちＯＢ〟として選手たち、カープを見守り、応援していこうと思っています……」

そう話しながら、私の心は叫んでいた。

――死ぬな、優勝。

――どうか生きてくれ、優勝。

私は会見を終えると荷物を置きに家に戻ったが、すぐに電話が鳴った。ちょっと、もう、危ないって、心肺停止だって――。

私はまっしぐらに病院に向かった。

間に合わなかった。

迎えに行ったとき、優勝はすでに息を引き取っていた。

まるで私が大仕事を終えるのを見届けるように、私が監督退任会見を行った日、私がカープのユニフォームを脱いだまさにその日、わが家に3度の優勝を運んできてくれた優勝は、突然天国に旅立ったのだった。

●

２０１９年10月1日、私が広島カープの監督退任会見を行った当日、家族みんなの人気者だった愛犬・優勝が天国に召された。

あれから空白の時間がすぎた。

つらくて、悲しくて、どうしていいかわからなかった。真っ暗な闇の中をあてもなく歩いているような感覚だった。

悲しみに沈んでいるのは私ひとりではなかった。私の妻も、息子も、娘も、みんな家族を失ったショックで打ちひしがれていた。

みんなで泣いて、みんなで火葬に行き、みんなで優勝の冥福を祈った。優勝がわが家に来てくれたことに感謝し、優勝と一緒にすごした時間を思い出した。優勝とすごした時間はたった3年半なのに、思い出はあふれるほどあって、私たちは失くした存在の大きさに立ち尽くすしかなかった。突然の出来事だっただけに、誰もその事実を受け入れられなかった。

だから私は5年間務めたカープの監督を退任したこと、33年間袖を通し続けたカープのユニフォームを脱いだことについて考える余裕はなかった。

優勝は私にとって子供であり、家族の中では齢《とし》の離れた末っ子だった。確かに監督時代もつらいことはたくさんあったが、試合に負けても命までとられることはない。ましてやわが子を亡くすことよりつらいことなど世の中にあるはずがない。

私と家族は喪に服した。1ヶ月近くは何をする気力も起きず、何も考えることができなかった。幸いなことに、私はカープの人間としての残務処理を済ませると、やるべきことは何もなかった。

私は生きているのか死んでいるのかわからない、そんな日々をすごした。

頭に浮かんでくるのは優勝との思い出ばかりだった。ショッピングセンターでの出会い、わが家に初めてやって来たときの興奮、家族の反応、トイレトレーニングの様子、毎朝の散歩……緒方家の団欒《だんらん》の中心にはいつも優勝がいた。これまでバラバラにすごしてきた私たち家族に新たな絆を運んでくれたのが優勝だった。優勝のおかげで私たち家族は、もう一度ひとつになれたのだった。

そして優勝と一緒に実現した3度の優勝。優勝がわが家に来て、〝優勝〟という名前を付けて、その年に25年ぶりの優勝を果たすことができた。みんなは冗談めかして「優勝くんは勝利の天使だ」「優勝くんが優勝を連れてきてくれたんよ」と言い合ったが、私にはそれが冗談とは思えなかった。

あれほど望んでも望んでも手に入れることができなかった優勝が、優勝が現れた途端に実現した。しかも3連覇。そして私が監督を退任する日に、まるで自分の役目を終えたかのように急逝したのだ。

もしかして優勝はカープを優勝させるために、神様が遣わしてくれた存在ではないだろうか？あまりにも私が「優勝したい」「どうしても優勝したい」と願うものだから、見るに見かねて優勝を差し向けてくれたのではないだろうか？……。

そんなバカなと思いながらも、ついそんなことを考えてしまう自分がいた。しかしすべてを否定することはできなかった。

私は優勝が私の手をなめてくれていたことを思い出した。監督時代の終盤、私は心も身体も限界に達していて、家に帰るとすぐバッタリと横になったが、そんなとき優勝はいつも近づいてきて、ペロペロと私の手をなめてくれた。疲れた私を癒すようにずっとそばに寄り添ってくれていた。

命教寺の植田住職にそのことを話すと、「それは優勝くんが緒方さんの疲れをとってくれてたんですよ」とおっしゃった。

私の目から涙がこぼれた。

だとしたら優勝は私の犠牲になったのかもしれない。私の夢を叶えるため、私が抱えきれない痛みや苦しさを小さな身体で引き受けてくれたのかもしれない……。

そう考えると、ますますつらく、涙は止まらなかった。

「緒方の母は緒方を二度生んだ」

優勝が亡くなり、優勝とすごしたさまざまな場面を思い出しているうちに、私の記憶は次第に過去へとさかのぼっていった。

出会いと別れを経験したのは優勝が初めてではなかった。私はこれまでの人生で、たくさんの人と出会い、たくさんの別れを経験してきた。

私は平野國隆監督のことを思い出した。鳥栖高校で出会い、その後も長らく私のことを指導してくれた人生の恩師。監督との別れも私の誕生日の夜だったが、私は特別な日に大切な人を亡くす運命でも背負わされているのだろうか？

そしてカープに入ってお世話になった三村敏之監督、山本一義コーチも鬼籍に入った。山本コーチの命日は２０１６年９月17日。25年ぶりの優勝を成し遂げたのが９月10日で、それを見届けて亡くなられたが、チームのことを配慮してしばらくは公表を伏せておられたことを後で知った。

三村監督も生きておられたら、カープの優勝をどれだけ喜んでくれただろう。

そして天国にいる私の両親。母は私が26歳のとき病死したが、それをバネに私がレギュラーをつかんだことを受け、三村監督は「緒方の母は緒方を二度生んだ」という言葉を遺してくれた。父は私の監督最終年まで見届けたが、カープが3連覇したことは本当に嬉しそうだった。私は2人に親孝行できただろうか？

いま名前を挙げた人たちだけではない。私はユニフォームを着ている間、数えきれないほどの人に支えられ、励まされ、そのおかげでプレイに没頭できたのだ。コーチ業や監督業に打ち込むことができたのだ。

そんなことを思っていると、平野監督がずっと口にしてきた座右の銘が頭に浮かんだ。


「出会いに感謝」


一般的な言葉ではあるが、改めてその意味が自分の中に染み渡った。

優勝との別れはまだ受け入れられなかったが、人生は出会いと別れの繰り返しであり、別れがあるからこそ瞬間瞬間を大事に生きなければならない、そして出会えたことに心から感謝しなければならない——それだけは強く理解できた。

そんなことも全部、優勝が私に教えてくれたのだと思った。

監督を辞めた後、私は今後の身の振り方について何も発表しなかったので、「これからどうするんですか？」としばしば尋ねられたことについては前述した通りである。

この本をここまで読んでくださった方ならわかるように、私は将来の人生計画をきっちりと立て、そこに向かって進んでいくタイプではない。常に目の前のことに全力投球で、先のことなど考えない。監督を終えた後もこの先どうするか考えていなかったが、それよりも優勝を亡くした悲しみで何もすることができなかったというのが実際のところだった。ただ、さすがに年が明けて２０２０年に入った頃から、少しずつ視線が外を向くようになった。気が付けば私は51歳にして、人生で初めてどこにも属さず、何にも縛られていないという状況にあった。これまで33年間（人生の3分の2近く！）すごしてきた広島東洋カープという集団から離れ、ただの個人になっていた。もう決められた時間にどこかに行く必要もないし、激しい重圧の中で野球と向き合う必要もない。

これはしばらく外の世界を見てみろということなのだろうと私は受け止めた。

今後のことはわからない。もしかしてまたカープに関わることになるかもしれないし、別の球団からオファーがあるかもしれない。プロではなくアマチュアの選手たちを指導するという選択肢もある。野球以外の競技に目を向けてもいいし、社会という観点で見れば監督経験をベースに会社経営をしている方々とマネジメント論について語り合うのもいい。

これは自由に物事を見つめられるチャンスなのだ。これからどちらに進むにせよ、ここから〝第二の人生〟をはじめていけばいい。とにかく一歩踏み出せば新しい何かが見えてくるだろう――。

やっと気持ちがそういう方向に動き出した矢先、新型コロナウイルスの流行が起こった。プロ野球の開幕が延期され、東京オリンピックも延期が決まった。日本全国に緊急事態宣言が出され、世界中の誰もが家から出られなくなった。

未来はやはり予想もつかないものだった。

私はこの状況に戸惑いながら、逆に開き直ってこれまで自分が辿ってきた野球人生を振り返ることにした。

ペンを握ると、自分でも驚くほど止めどなく言葉があふれてきた。

カープはカープであり続けてほしい

結局３ヶ月遅れでスタートした20年シーズンのプロ野球。交流戦もない、オールスターもない、セ・リーグにおいてはＣＳもない異例のペナントレースを、われらがカープは佐々岡真司新監督に率いられて戦った。

結果、チームは全１２０試合のシーズンを、52勝56敗12引き分けの5位という成績で終えた。前年から2年連続でＢクラスということになる。

佐々岡監督は投手出身ということもあり、投手を中心とした守り勝つ野球を目指していたように見えた。試合後のコメントを聞いていても投手に厳しく、なにより投手がしっかり試合を作ることを前提に采配を振っている様子だった。

そんな佐々岡監督にとって、投手陣に関しては大誤算ばかりだったことだろう。エースの大瀬良が離脱、出遅れた野村祐輔も離脱、ジョンソンに至っては1勝もできないまま9月以降は一軍に昇格することなくシーズンを終えてしまった。主力選手の欠落は先発陣のみならず、中﨑、一岡、今村といった中継ぎ～抑えを担う実力者たちも不調に陥り、ほとんど試合に絡むことができなかった。誤算は新入団の外国人選手にも及び、開幕時にストッパーと目されていたスコットは実力の片鱗も見せることができず、Ｄ・Ｊ・ジョンソンに至ってはシーズン途中で楽天へと移籍してしまった。

チーム防御率４・０６（リーグ5位）というのは、佐々岡監督にとって決して満足できる数字ではないはずだ。これだけ離脱者が出てしまえば、当初のプラン通り戦えるはずがない。リーグ終盤では光明も見えたものの、先発陣はコマが足らず、後ろのピッチングスタッフも固まらず、チームは序盤から苦しい戦いを強いられることとなった。

ただ、苦しい中にも収穫はあった。それは若い選手を数多く起用できたことである。佐々岡監督は長らく二軍コーチを務めていたため、育成に関しては長《た》けている。若い選手を使うことで来年以降、大きな戦力になってくれると思っていたはずだし、一軍で経験を積ませる時期に辿り着いていた選手も多かった。遠藤淳志、中村祐太、塹江敦哉、島内颯太郎、ケムナ誠、高橋樹也……時に大胆に、時に我慢強く、佐々岡監督は彼らをマウンドに送り続けた。

そんな中で今年もっとも輝いたのは、ルーキー・森下暢仁《まさと》で間違いないだろう。防御率1・91は、最優秀防御率を獲得した大野雄大（中日）の1・82に次ぐ2位という素晴らしい成績で、新人王に選ばれた。

森下について一番驚いたのは、シーズンを通して活躍したことである。彼は投球術、フィールディング、打者との駆け引き、メンタル面、投げる球はすべて一級品と総合力の高い投手だが、初めてのプロの世界、しかもコロナ禍で過密日程の中、ほとんど波がなく投げ通した。きちんとローテーションを守り、コンスタントにシーズンを戦い抜くことなど、長年やっている選手でも難しいのに、それを1年目でやり遂げてしまうのは只事ではない。

実際、彼がいてくれたおかげで、チームがガタガタと崩れず踏ん張れた場面が幾度もあった。

本当に素晴らしい投手がカープに入ってきてくれたものだ。今後はカープのエースを目指し、さらに成長していくことを願っている。

若手選手の躍動という意味では、野手陣でも多くの若手が起用された。坂倉将吾が躍進を果たし、大盛穂《みのる》、羽月隆太郎、宇草孔基、髙橋大樹、正隨優弥……といった面々がみずみずしくグラウンドを駆け回った。

若手に関して言えば森下以外、まだまだ戦力と呼べる選手はいない。彼らはあくまで経験を積ませてもらっている段階にすぎない。ただ、結果が出なくても我慢して使ってもらったことで、幾人かはシーズン中でも失敗を糧に成長していく姿が見えた。シーズン後半、自信と安定感を漂わせるようになった塹江やケムナが好例である。

個人的に彼らには、あくまで今年は最初の一歩であり、スタートにすぎないことを認識してほしいと思う。一軍に絡めたから成功なのではなく、これを2年3年と続けていくことが主力への道であるし、それができないと野球選手として成功したとは言えない。

だから本当の勝負はここからだ。ここから絶対的レギュラーに勝負を挑み、追いつけ追い越せで伸びてほしい——それはファンにとっては、次はこの中から一体誰が抜け出てくるのか、来季以降の楽しみが増えたようなものだろう。

最後に若手以外にも少し触れたい。

まず田中広輔に菊池。彼らは3連覇を知っている選手なので、勝つために何をやらなければならないかを知っている。彼らはもう個人成績だけでなく、チームの成績についても考えなければならない年齢だ。そのため若手選手に言うべきことは言いながら、後ろ姿で引っ張ってくれていることを感じる。

そして誠也。今季は途中から三番を打つ場面も増えたが、何の心配もいらない。彼はしっかり成長している。壁に当たるときもあるが、むしろそれをはね返し、飛び越えていくのが誠也のすごさだ。これからも1年ごとに意識を高く持ち、次のステップを目指して野球に取り組む彼の姿が私の目にははっきり見える。

だから誠也は今のままでいい。今と同じ気持ちで野球に向き合い、さらなる高みを目指してほしいと思うだけだ。

カープが絶対に変えてはいけないところ

監督を退任したいま、私が個人的に一番嬉しく思うのは、カープに世話になったひとりのOBとして、純粋な気持ちでカープを応援できることである。

もう勝たなければならないというプレッシャーを感じることもない。この選手は調子がいいとかあの選手はどうだろうとか、指導者目線でチェックすることもない。

ただのひとりのカープファンとして野球を観る。言葉は悪いがまったくの〝他人事《ひとごと》〟として野球を楽しむ。好きなチームを応援する。それは私にとっては生まれて初めての体験であり、想像以上に楽しくて自分でも驚いている。

これまで私は野球に対してずっと〝当事者〟の立場だったが、いちファンとして眺めることになってもハラハラドキドキすることに変わりはない。「ここで打ってくれ！」「ここでアウトにしろ！」と祈るように観戦していると、「野球って本当に面白いスポーツだな」「自分はこのスポーツが本当に好きなんだな」ということが改めて感じられる。純粋なファンになれたことで野球に対する純粋な気持ちを確かめられたのは、監督を辞めて得られた最大の収穫かもしれない。

もちろん自分の気持ちを確かめられたのは、野球に対してだけではない。カープという球団に対しても自然と湧きあがってくる想いがあった。

今年でカープは創立70周年を迎えた。私はそのうちの33年間、ほぼ半分近くの歴史を選手、コーチ、監督としてすごしてきた。

そんなひとりのＯＢとして願うのは、これまでの70年間、カープが継承してきた〝いいもの〟はこのままずっと残ってほしいということである。

それは猛練習の伝統かもしれない。若手を育成し、指導者も育てていくという頑固なまでの自前主義かもしれない。

　もちろんいい方向に変わっていくのならそれでいいし、時代の潮流に応じて変わらなければならない部分もあるだろう。しかしカープはカープであって他の球団とは違う。だからこそ多くの人が応援してくれたのであって、そのことは絶対に忘れてはならない。これまでのカラーを貫き、その上で勝利できたらなおさらいい——このチームに育てられ、一人前にしてもらった人間として私は強くそう思う。

　そういう意味で一番変わってはいけないのは、チームを応援してくれるファンとの関係性である。

　球団は原爆で破壊された廃墟の中から生まれ、街の復興と軌を一にして歩んできた。チームが苦しい時代は樽募金で助けてもらったし、苦難を乗り越えて優勝したあかつきには街中が歓喜に包まれた。広島市民と共に笑い、共に涙を流してきたのがカープだったのだ。カープは広島の人たちの心の支えであり、家族のようなものなのだ。

　今も私の目に焼き付いているのは、25年ぶりの優勝を果たしたときの優勝パレードの光景である。秋晴れの平和大通りに31万人もの人が集まった。老若男女、小さな子供もいればおじいさんもいればおばあさんもいる。そして中には亡くなった方々の遺影を掲げた人の姿もある——それを見たら、カープは彼らと一心同体であるということが心の底から理解できる。離れていても一緒に戦ってくれている人がこんなにいるということが実感できる。

だからカープはそんな人たちのためにも、決してあきらめてはいけないのだ。どんなに結果が出まいが、成績が低迷しようが、最低限全力で戦わなければならない。応援してくれるファンがひとりでもいる限り、常に顔を上げ、前を向き、持てる力のすべてを出してプレイしなければならない――。

私はそれがカープの野球だと思うし、創立70周年を超えても、それだけはずっと持ち続けてほしいと願っている。

すべては必要な経験である

そしてカープに関してもうひとつ書いておきたいのは、このチームはいつか必ず日本一になるということである。

カープが日本一になるためには、あと何が必要なのか？　何が足りないのか？

監督時代も監督を退いてからも、さんざん聞かれた質問ではあるが、はっきり言ってそれに簡単に答えられるなら、すでにチームは日本一になっているはずである。それがわからないから、カープはこうして足踏みを続けているのだ。

とはいえ、思うこともある。

カープが日本一になるために足りないものなんて、ないんじゃないのか？　すでにすべての条件はそろっていて、あとはそれを〝やる〟だけなのではないか？――。

私が監督をした5年間で、カープは25年ぶりのリーグ優勝を果たすことができた。その次の目標は当然、１９８４年以来30年以上遠ざかっている日本一だったが、私は２度の日本シリーズのチャンスを活かすことができなかった。

私の代で日本一を獲得してファンに栄冠を届けられなかったのは残念で仕方ないし、本当に申し訳ないと思う。それについては自分の未熟さを責めるしかない。

しかし、ここで得た経験は決して無駄ではないし、未来につながるものである。この本の中でも何度か書いたように、勝って学ぶこともあれば負けてわかることもある。この5年間でカープは勝つことによる学びも経験したし、負けることによる学びも経験した。短期決戦の難しさもポイントも経験した。それはすべてが貴重な財産であり、絶対に後退ではないし前進でしかない。私自身はユニフォームを脱いだが、チームとしては貴重な経験を積んだ上で２０２０年を戦い、さらにその先の戦いに臨んでいる最中なのである。

物事は短期的な視点で考えてはダメである。焦って答えを出そうとしてはダメだ。人であれば人生というスケールで、カープであれば創立70年という歴史を踏まえ、その先まで含めて眺めたときに初めてわかることがある。

どんなに無駄だと思えることでも、どんなに悔しい出来事でも、実はそれが未来の夢を実現させる重要なピースになったりする。何年も何十年も昔の体験でも「あれがあったから、これが起こった」という因果関係は続いている。人も、チームも、私も、あなたも、その瞬間は理解できないかもしれないが、常に必要な出来事に遭遇し、必要な経験を重ねながら一歩一歩成長の階段を上っているのだ。

だから、いつかカープは日本一になるはずだ。

それは今すぐではないかもしれない。しかしチームは確かに経験を積んだ。ノウハウを学んで、スキルを磨いた。このとき悔しい想いをしたコーチがいつか監督になったとき、私のやり方を反面教師に今度こそ間違いのない采配を振ってくれるかもしれない。もしくは日本シリーズで不完全燃焼に終わった選手が監督になり、選手時代の借りを返そうと最強のチームを作るのかもしれない。

人生も、戦いも、終わらないのだ。われわれはいつだって途上にいる。

だからカープもまだ、日本一という頂点に向かう旅の途中——。

「人生が行であり　日々が行であるならば　行に終わりはない」

キャンプからペナントレースを通じて、ひとつひとつの作業をただ集中してやっていくこと——私たちがやるべきは、焦《じ》れることなく、飽きることなく、日々の〝行〟に徹するだけである。片付かない宿題のように目の前に置かれた自分にとっての〝行〟から逃げず、それと向き合うだけである。

99の苦を帳消しにする1の喜び

監督を離れて半年近くがすぎた今、もし「もう一度監督をやりたいか？」と問われたら、正直なところ「やりたい」とは答えない。

ただ矛盾するようだが、監督時代を振り返ると、「幸せだったな」という思い出しかよみがえってこない。監督をしている最中は苦しみしかなかったのに、こうして離れてしまえばイヤな感情がまったく残っていないのは不思議なことである。

幸せな時間をすごさせてもらった。

素晴らしい仲間たちと苦楽を共にした。

仮に人生の99%が苦しいことばかりの〝行〟だとしても、1%の喜びがあれば耐えることができる。99の苦しみすべてを帳消しにしてしまえるほど強烈な1の喜びがあり、その1の幸福のためなら99の犠牲を払っても構わない――。

そんなふうに思える何かに出会えたこと自体が、私にとって最大の幸福なのかもしれない。

優勝を亡くし、しばらく笑顔が消えていたわが家にも新しい家族が加わった。

優勝が天国に旅立ったことを知ったペットショップのオーナーが、ちょうど優勝が亡くなったのと同じ頃に生まれたフレンチブルドッグの赤ちゃんを「もし、よければ」と紹介してくれたのだ。

私は妻や子供と話し合って、その子を迎え入れることに決めた。

名前をどうしよう？

優勝と一緒にすごした3度の優勝は、私にも家族にもたくさんの幸せを運んでくれた。優勝は自らの使命を果たしたかのように天に昇ってしまったが、では今度一緒に暮らすパートナーにはどんな名前を付ければいいのだろう？　何を託せばいいのだろう？

答えは導かれるように、スッと心に舞い降りた。

〝永遠《トワ》〟――私は彼にそう名付けた。

これから私は永遠とともに生きていく。
私はいまだ途上、永遠へと続く道の途中にいるのだから。

おわりに

2020年は不思議な年である。

私にとっては33年間という人生の大半をすごした「広島東洋カープ」という球団を離れ、初めて〝無所属〟という立場ですごした年である。何の組織にも属してない自由人という立場も初めてなら、これまで常に私の夢であり、同時に重圧でもあった野球というスポーツから距離を置いたことも人生で初めての経験であった。

そんな私にとっての〝初めて〟の最中、世界も初めての経験に振り回されていた。新型コロナウイルスの流行は、私のカレンダーに書かれていた講演会やイベントなどの予定をすべて延期・中止にしてしまった。

であるならば……と、私は空白になった時間を利用して、自分のこれまでの野球人生を振り返ることにした。そのタイミングで、幸いにも著書を出版しないかという申し出が舞い込んだ。私はせっかくやらせてもらうのであればなるべく自分の納得のいく形でと思い、慣れない文章表現のひとつひとつにこだわって想いを綴っていった。

春にはじめた執筆作業は、豪雨と酷暑の夏を越え、大型台風が通り過ぎる秋になっても続いていた。本の執筆と同時に世界を震撼させた新型コロナウイルスの流行も、いまだに収まりそうもない。

誰にとっても、２０２０年は忘れられない年になるのだろう。

●

この本が完成するまでには、多くの人の力を借りた。

本書の企画を立案してくれた光文社の古川遊也氏、実際の制作の現場では編集・構成の面で広島在住の文筆家である清水浩司氏にアドバイスをいただいた。マツダスタジアムでの撮影では中野章子さんにお世話になった。

現在私のマネジメントを担当してくれている「株式会社プロアスリート」代表の前田耕司にはいつもと同様のサポートをもらった。

さらに選手・コーチ・監督という期間の間、ずっと私を支えてくれた家族にもこのタイミングを借りて感謝を伝えたい。家族の理解がなければ、私はここまで好きな野球に没頭することはできなかった。

そしてなによりも、広島東洋カープを熱く応援してくださるファンの方々。

私が本書を著した一番の理由は、ファンの方々に喜んでもらいたいというただそれだけである。選手時代からいいときも悪いときも声援を送ってくれた人たち、長い低迷期に一緒に悔しさを味わった人たち、３連覇をわがことのように喜んでくれた人たち……本書はそんな方々の無償のカープ愛に少しでも応えることができればと思って書き進めていったものである。

だから本書の目的は、ひとつしかない。

これを読んで、カープを今よりもっと好きになってくれれば、これ以上の幸せはない。

これから先、どんな形になるかはわからないが、私は野球というスポーツに対して恩返しがしたいと考えている。きっと残りの人生も私は野球から離れることはないだろうし、ずっと野球と付き合っていくことになるだろう。

いつかまた、どこかの野球場でみなさんとお会いできればと思っている。

そのときは、この本に書かれたことについてはもちろん、野球について、カープについて、熱く語り合いましょう！

２０２１年１月　緒方孝市

取材・構成／清水浩司

赤《あか》の継承《けいしよう》　カープ三連覇《さんれんぱ》の軌跡《きせき》

2021年1月30日　初版1刷発行
2021年2月25日　3刷発行

著者 ―――― 緒方孝市《おがたこういち》

発行者 ―――― 田邉浩司
組版 ―――― 堀内印刷
印刷所 ―――― 堀内印刷
製本所 ―――― ナショナル製本
発行所 ―――― 株式会社光文社
〒112-8011　東京都文京区音羽1-16-6
電話 ―――― 新書編集部 03-5395-8289
書籍販売部 03-5395-8116
業務部 03-5395-8125

落丁本・乱丁本は業務部へご連絡くだされば、お取り替えいたします。

ISBN978-4-334-95227-3 Printed in Japan